◀ だれもがもつ"考え方のくせ" ▶
かんが かた

# バイアスの心理学
しんりがく

先入観や偏見にとらわれない
せんにゅうかん へんけん

合理的な判断力が身につく
ごうりてき はんだんりょく み

JN021074

# はじめに

　私たちは知らず知らずのうちに，思いこみにとらわれること
があります。「自分はそんなことない！」と思うかもしれませんが，
心理学によると，人間の記憶や判断などの「認知」は，先入観
などから大きな影響を受けているといいます。

　記憶や判断の偏りを「認知バイアス」といいます。いわば，
"考え方のくせ"ともいえる認知バイアスは，だれの心にもひそ
んでいます。たとえば，自分とはちがう考えの人を「変わった
人だ」と思ったことはありませんか？　また，行列を見ると並
んでみたくなったり，まわりに合わせて意見を変えたり，オーガ
ニック食品が健康によさそうだと感じたりするのも，認知バイ
アスによるものと考えられるのです。

　認知バイアスは，すばやい判断や心の安定などに必要な場
合もあります。しかし，極端な偏りは合理的な判断をさまたげ，
差別や偏見につながることもあるといいます。

　この本では，日常的におこりがちな認知バイアスを，身近な
事例やわかりやすい図を用いてやさしく紹介していきます。認
知バイアスを理解して，客観的で合理的な判断力を手に入れま
しょう。

# 4 人間関係のバイアス

# あなたの心にも「バイアス」がひそんでいる！

認知バイアスという言葉を聞いたことはありますか。認知とは，知覚をはじめ，記憶や判断など人間の思考（考え方）にかかわる心のはたらきのことをさします。バイアスはゆがみや偏りのことなので，認知バイアスは「思考のゆがみや偏り」という意味になります。**「考え方のくせ」ともいわれています。**

「自分の考えはゆがんでいない，偏っていない」と思うかもしれませんが，認知バイアスは，だれの心にも存在します。私たちは，何かを判断したり考えたりするとき，無意識のうちに認知バイアスの影響を受けているのです。

たとえば，占いが当たると感じるのは，「バーナム効果」という認知バイアスによるものです。だれかが空を見上げていると同じよう

に見上げてしまうのは，「同調バイアス」が関係しています。

この本では，さまざまな場面で生じる認知バイアスを，わかりやすく紹介していきます。心にひそむ認知バイアスを知ることで，思いこみや偏見に気づけたり，合理的な判断ができたりするようになることでしょう。

## 認知バイアスにはよい面もある

こうした認知バイアスは，誤った判断や差別，偏見を生む一方で，すばやい判断を可能にしたり，心の安定をもたらしたりする機能もあります。

# 1

# 脳がつくる「ゆがみ」や「偏り」

私たちは，現実のとおり，あるがままに見ていると思っています。しかし脳が認識している世界は，無意識のうちにゆがめられていることがあります。1章では，脳によってつくられる認識のゆがみや偏りをみていきましょう。

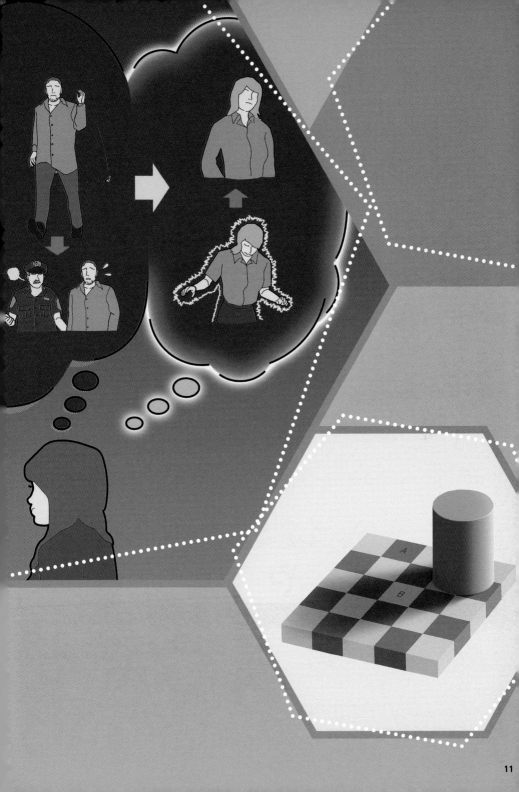

# 脳がつくりだす
# 「現実とはことなる」世界

**ま**ずは，有名な「錯視」を紹介しましょう。錯視とは，実際の物理的な特徴（長さや明るさなど）とはことなって見える心理的な現象をいいます。

下に示した①②の赤い水平線は，それぞれどちらもまったく同じ長さですが，それぞれ上のほうが長く見えませんか。これは，脳がまわりの斜線などから「奥行き」を認識し，それを考慮して水平線の長さを判断した結果ではないかと考えられています。

右ページ上にあるAのタイルとBのタイルは，実はまったく同じ明るさです。この錯視は，「Bはもともと白いタイルで，円筒の影で暗く見えている」と脳が判断したことでおきています。

また，右ページ下は錯視ではありませんが，前後の文字によって同じ文字がことなって読める，「文脈効果」という認知バイアスです。これは，**周囲や前後の情報といった「文脈」によって，見方やとらえ方にちがいがあらわれる現象です。**

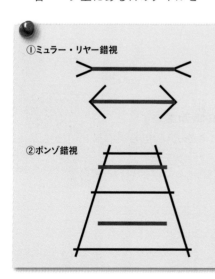

**①ミュラー・リヤー錯視**

**②ポンゾ錯視**

①の図では，同じ長さの赤い水平線の両端に，斜めの線が加えられています。下の線のほうが短く見えるのではないでしょうか。これは，「ミュラー・リヤー錯視」とよばれます。

②の図では，奥行きが感じられる図に，同じ長さの赤い水平線を配置することで，「手前」に見える下の赤い水平線よりも，「奥」に見える上の赤い水平線のほうが長く感じられます。これを「ポンゾ錯視」といいます。

## 二つのタイルは同じ明るさ？

一見すると明るさがことなるように見えるAのタイルとBのタイルは，AとB以外の部分をかくしてみると，まったく同じ明るさであることがわかります。これは「BのタイルはもともとAのまわりの白いタイルと同じ明るさで，円柱の影のせいで暗くなっているはずだ」と脳が解釈した結果です。

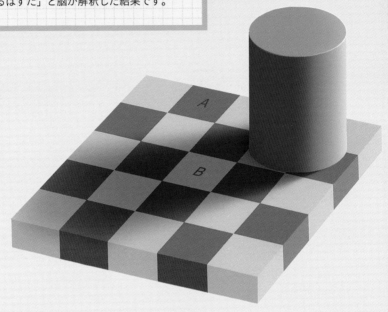

## 文脈効果

この図の真ん中の文字は横方向に読むと「B」に見えます。しかし縦方向に読むと，「13」に見えるのではないでしょうか。このように私たちの認識は，文脈の影響を受けているのです。

# 人は目の前の変化を，見落としがち

人は，目の前で変化がおこっても，気がつかないことがあります。

たとえば一部がことなる二つの画像を用意して，それを瞬間的に入れかえてみます。そして，二つの画像が入れかわるときに，白い画像などのブランクを一瞬だけ表示します。このとき，私たちは画像の変化に気づきにくいことが実験で示されています。このような現象を，「変化盲」といいます。

また，何か別のものに注意をうばわれているときは，目の前の変化に気づきにくいという現象も知られています。

アメリカの心理学者ダニエル・シモンズらは次のような実験を行いました。実験参加者にバスケットボールを行っている映像を見てもらい，「白い服のチームが何回パスをしたかを数える」という課題をだします。映像では，複数の人々が，動きながらパスをします。映像を見終わったあと，参加者にパスをした回数のほかに，「ゴリ

**まちがいさがし**
右ページの上下のイラストには，5か所ちがうところがあります。どこだかわかりますか？
（正解は141ページ）

ラに気づいたか」とたずねました。

実はこの実験の真の目的は，映像の途中にあらわれるゴリラの着ぐるみに気がついたかどうかを調べることでした。ゴリラは中央で立ち止まってポーズまでとっており，普通に映像を見ていれば，だれもがゴリラが登場したことに気づいたはずです。しかし，実験参加者の約半数は，パスを数えることに集中していて気づきませんでした。

なお，ゴリラの実験映像はシモンズのwebサイト（http://www.dansimons.com/）で公開されていますので，興味のある人はぜひ見てください。

# A型の人は，
# ほんとうに几帳面？

A型の人は几帳面，B型の人は自由奔放などといわれますが，性格と血液型の関係に，科学的な根拠はありません。

そういわれても，やはりA型の人は几帳面に思えてしまうかもしれません。その原因の一つに，「確証バイアス」があります。確証バイアスとは，自分の仮説や信念と一致する情報ばかりに注目し，それ以外の情報を軽視しやすい傾向のことです。**「A型の人は几帳面だ」と思いこんでいる人は，A型の人の几帳面な行動ばかりに注目し，大ざっぱな部分には注意を払わない傾向があるのです。**

1978年に行われた，確証バイアスに関する実験を紹介します。実験参加者は，初対面の人にインタビューをして，その人の性格を判断するように指示されます。その際，事前情報（仮説）として，「外向的な人の性格の特徴」もしくは「内向的な人の性格の特徴」が書かれたカードを渡され，インタビュー相手がそのような人物であるかどうかを判断するようにいわれます。実はそのカードは，インタビュー相手が事前に受けた性格テストの結果にもとづく「根拠のある情報」の場合と，単に一般的な性格の特徴を書いただけの「根拠のない情報」の場合とがありました。

すると参加者は，根拠の有無にかかわらず，インタビューの際，カードに書かれた**事前情報と一致する答えを引きだすような質問を多くする傾向がありました。**たとえば，外向的な人の特徴を渡された場合には外向性に関する質問を多くして，その人の性格が外向的であることをたしかめようとしたのです（右の図）。

### 確証バイアスの影響に注意する

確証バイアスは，物事をすばやく効率的に判断するうえで必要なものともいえます。しかし，仮説の真偽を正しく判断するためには，仮説に一致する情報だけでなく，仮説に反する情報にも目を向けなければなりません。

## 確証バイアスに関する実験

実験参加者は，初対面の人にインタビューをして，その人の性格を判断します。その際，事前情報（仮説）として，「外向的な人の性格の特徴」もしくは「内向的な人の性格の特徴」が書かれたカード（根拠がある場合とない場合がある）を渡され，インタビュー相手がカードに書かれているような人物であるかどうかを判断するようにいわれました。

事前に外向的な人の性格の特徴を渡された場合には，「どんな状況で口数が多くなるか」など，外向性に関する質問を多く行いました。

事前に内向的な人の性格の特徴を渡された場合には，「パーティでいやだと思うことは何か」など，内向性に関する質問を多く行いました。

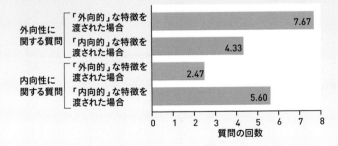

注：ここでは，インタビュー相手の性格の仮説に根拠がない場合の結果のグラフを示しましたが，根拠がある場合も同様の結果が得られました。

# 占いが「当たっている」と感じる理由

### 人間には多様な側面がある

人は矛盾した側面をあわせもっていることがあります。たとえば，周囲に大ざっぱな性格だと思われている人でも，数字に関しては厳格で何度でも見なおさないと安心できないという面があるかもしれません。日ごろは社交的な人でも，はじめて会う人が大勢いる場では人見知りをしてしまうかもしれません。そのため「あなたは○○ですね」といわれると，たいていの場合は，自分の中の○○な部分をさがすことが可能であり，「そうかもしれない」と感じるのです。

占いを読んで「当たっている！」と感じた経験はありませんか。しかしそれは，「バーナム効果」という認知バイアスのせいかもしれません。

「占いにもとづくあなたの性格です」といわれて下の文章を示されたら，当たっていると感じる人も多いのではないでしょうか。実際には，これはだれにでもあてはまりそうな内容を書いただけの文章です。

バーナム効果とは，だれにでもあてはまるような内容であっても，自分の性格などとの共通点を見いだし，いい当てられたかのように感じてしまうことをいいます。

1949年に行われたバーナム効果に関する実験では，大学で心理学を受講していた学生39人に，性格診断テストを受けてもらい，個々に結果を返却しました。実はその結果はすべて同じもので，実験者がだれにでもあてはまるような文章を作成したものでした。ところが，学生にその結果がどの程度自分にあてはまるかを0〜5点の6段階で評価させたところ，平均点は4.3点と高く，4点以下をつけたのは5人だけでした。

**あなたの性格の特徴：**

マメな性格で気配りもうまく，だれとでも合わせることができます。ただ，慎重になりすぎて用心深くなったり，あれこれ考えたりしてしまうくせがあるようです。いったん夢中になるとほかのことが目に入らなくなることもあります。親しみやすく表裏のない性格で人をひきつける魅力があります。やや根気に欠けるものの，物事を多角的にとらえて分析することができます。

「錯思コレクション100」のバーナム効果のページ（https://www.jumonji-u.ac.jp/sscs/ikeda/cognitive_bias/cate_s/s_05.html）から一部改変して引用

# 人は, つごうのよい情報を「いいとこ取り」する

自分の主張につごうのよい証拠ばかりを集め, つごうの悪い証拠は無視することを「チェリー・ピッキング」といいます。多くのさくらんぼの中から, 熟したものだけを選びだすことになぞらえたもので,「いいとこ取り」のことをさします。

商品やサービスのよい点ばかりを取り上げた広告などは, 意図的なチェリー・ピッキングです。一方, それらを目にする私たちも, 知らず知らずのうちにチェリー・ピッキングをすることがあります。たとえば, **ネット上の根拠のないうわさでも, それが自分にとってつごうがよければ, そのうわさを裏づける証拠をさがすことがあります。**判断や選択を誤らないためには, つごうの悪い事実であっても目をそむけない姿勢をもつことが重要です。

# 成功者の体験談からは
# 学べないこともある

## 生還した飛行機だけでは，真の危険はわからない

生還した飛行機と撃墜された飛行機における，被弾箇所のちがいをえがきました（実際のデータにもとづくものではありません）。水色を致命的でない箇所への被弾，ピンク色を致命的な箇所への被弾とします。生還した飛行機では，致命的な箇所への被弾は当然少ないはずです。そのため，強化すべき場所を決める際に，生還した飛行機だけを見て考えるのは適切とはいえないのです。

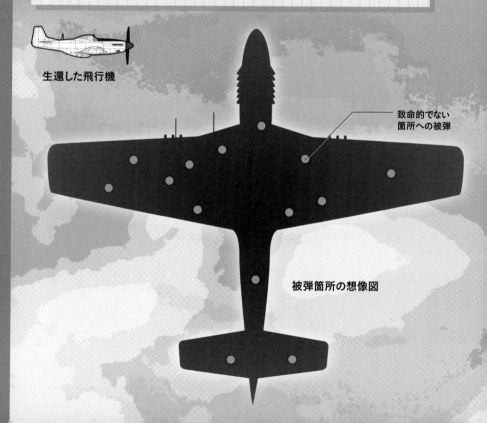

生還した飛行機

致命的でない
箇所への被弾

被弾箇所の想像図

　私たちは，成功した事例ばかりに注目しがちです。失敗して失われたものは，そもそも分析の対象にできないからです。これを「生存者バイアス」といいます。

　たとえば災害のあとには，生還した人の話ばかりが広まります。しかしその人は偶然，比較的安全な状況にいたのかもしれません。生存者の証言だけでは，その災害の重要な原因について，十分に知ることができない可能性があるのです。

　興味深い事例があります。第二次世界大戦中の1943年，アメリカ軍は軍用機に装甲※を追加しようと考えました。しかし，重い装甲を多くすると飛行性能が低下するため，追加する装甲を最小限にしつつ，撃墜される可能性を低くする必要がありました。

　軍上層部は，戦場から生還した機体の弾痕を調べ，被弾数が多い部分の装甲を強化しようとしました。しかし，**生還した機体で被弾数が多い場所とは，見方を変えれば，撃たれても墜落しなかった場所ということです。つまり，装甲を厚くする場所を決めるには，生還できなかった機体も考慮する必要があったのです。**

　私たちは勉強や仕事においても，生存者バイアスに気をつける必要があります。たとえば，受験で成功した人が「この方法で成功した」と語っても，その方法そのものが成功に結びついたとは限りません。適切に判断するには，失敗した人の事例もあわせて確認することが重要です。

※：敵弾を防ぐために武装すること。

撃墜された飛行機

致命的な箇所への
被弾

被弾箇所の想像図

# 不幸な目にあった人は「悪い人」なのか？

人はだれしも，「よいことをしたら報われ，悪いことをしたら罰を受ける」いう信念をもっています。これを「公正世界仮説」といいます。

しかし，犯罪被害者など，本人の行いに関係なく不幸な目にあった人に対してもこの信念にもとづいて「本人に落ち度があったからだ」と非難することがあります。これは「被害者非難（もしくは犠牲者非難）」とよばれます。

被害者非難を検証する実験が，1966年に行われました。実験者は，あたえられた問題をまちがえた人（「犠牲者」とよびます）に，罰として電気ショックをあたえます。実験参加者は，そのようすを別室のテレビモニターごしに観察します。ただし，この犠牲者はサクラで，電気ショックを受ける演技をしています。

参加者はこのようすを観察したあと，犠牲者の印象について質問されます。質問には，「犠牲者は周囲から尊敬されそうか」「人生の目標を達成できそうか」などの項目があり，参加者が犠牲者を高く評価したか低く評価したかがわかります。

この実験では，参加者はいくつかのグループに分けられています。そのうちグループAには「犠牲者は解答をまちがえるたびに電気ショックを受けつづける」と伝えられ，グループBには「今後は解答が正しければ，犠牲者は報酬をあたえられる」と伝えられました。すると，グループBよりグループAのほうが，犠牲者を低く評価する傾向があったのです。

**犠牲者が悪いことをしていないのに罰を受けたのであれば，そんな理不尽な現実は参加者の心に不安をもたらすことでしょう。その不安からのがれるために，犠牲者が罰を受けたのは，本人に問題があるからだと推測するためと説明されています。**

## 「努力は報われる」──。
## その信念は，苦しむ人を傷つけることもある

公正世界仮説では，よい行いをした人は報われ，悪い行いをした人は罰を受けると考えます。この考えは，自分が心がけるぶんにはよいものです。しかし，不幸な目にあった他者は皆，本人に落ち度があると考えるのはまちがっています。物事を適切に判断するには，他者の立場や状況を想像してみることが大切です。

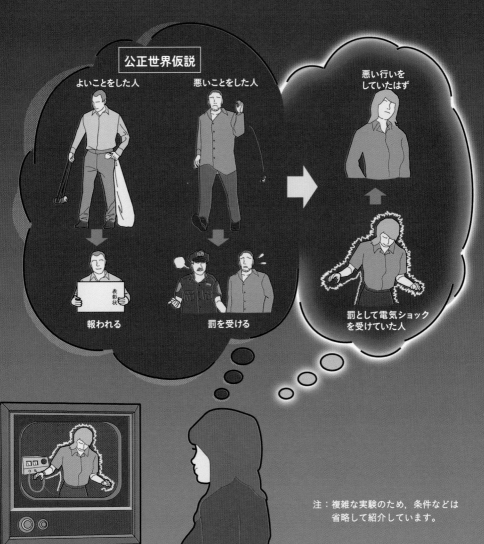

公正世界仮説

よいことをした人　　　悪いことをした人

悪い行いを
していたはず

報われる　　　　　罰を受ける

罰として電気ショック
を受けていた人

注：複雑な実験のため，条件などは
　　省略して紹介しています。

# たとえ自分が不幸でも
# 社会がまちがっている
# とは思わない

現在は非正規雇用が増加し，所得などの格差が広がっているといわれています。正規雇用を求めながらも職につけない人がいたら，その原因は何だと思いますか？　その人の能力が劣っている，努力が足りないなど，個人の問題と考える人も多いでしょう。「だれもが高収入を得られるよう，社会のしくみを改革すべきだ」と考え，行動する人は少ないと思います。

格差や差別などがあっても，人には現状の社会システムを維持・正当化しようとする傾向があることを説いたのが，「システム正当化理論」です。高い賃金を得るなど恵まれた雇用状況の人が現状のシステムを肯定するのは当然ともいえますが，低賃金ではたらいている人もまた，現状のシステム自体がまちがっているとは考えないようなのです。

このような現象がおきるのは，多くの人が，序列や役割といった現在のシステムが存在していること自体を，「安心だ」とみなしているからだと考えられています。変えることで予想できないことがおこったり，行動することで集団から浮いたりするより，現状のシステムを受け入れる傾向があるのです。

なお，世界は公正であり，努力をすれば報われるという「公正世界仮説」（前ページ）は，現状のシステムを正当化する信念です。そして，公正でない不平等な状況になれば，それを正当化するためのつじつま合わせが誘発されます。たとえば，「貧しいけれど幸せ」のような考え方です。これに対して「金持ちだけど不幸」という考え方が加われば，たがいにメリットとデメリットを打ち消し合い，全体としては平等であるという幻想を維持できるというわけです。

## 社会的地位が低くても，自分の能力に見合ったものと考えてしまう

社会的地位の高い人が，「努力したから」「能力が高いから」現状の地位を得られたと考えて，その社会システムを肯定することは不思議ではありません。

しかし社会的地位が低い人も，いまの社会のしくみは正しいと受け入れ，自分の地位はその能力に見合ったものだと考えてしまうことがあるのです。

# 「本人」と「まわりの人」では原因のとらえ方がちがう

### 行為者－観察者バイアスのイメージ

ある人が遅刻したという状況に対して，左ページが遅刻した人（行為者）の考え，右ページが周囲の人（観察者）の考えをあらわしています。行為者は電車の遅延などの外的要因を考慮するのに対し，観察者はだらしなさ（寝坊）などの内的要因を重視する傾向があります。

電車が遅れたから……

外的要因

遅刻した人

大事な試験に遅刻した人がいるとします。電車の遅れが原因なのですが，その理由を知らない周囲の人は，「だらしない」などと考えるのではないでしょうか。

このように，その行為の観察者は「内的要因（性格や努力）」を原因として重視する一方で，行為者自身は「外的要因（状況や環境）」を考慮する傾向があります。このバイアスは，自分が「行為者」である場合と「観察者」である場合とで原因のとらえ方がことなるため，「行為者-観察者バイアス」とよばれています。

このバイアスが生じる原因の一つは，双方のもつ情報量のちがいです。遅刻した本人は，遅刻に至った経緯や状況をこまかく把握しています。しかし観察者にはその情報がほとんどありません。そのため，自分が観察者のときには，行為者自身の性格や能力といった，目につきやすい情報を優先して判断してしまうと考えられています。

周囲の人

寝坊した（だらしない）から……

内的要因

# 人は無意識に，つじつまを合わせようとする

## 認知的不協和の実験

認知的不協和の存在と，それを解消しようとする心のはたらきを明らかにした実験です。たとえば低賃金の仕事であっても，やりがいを見いだしてしまうのは，この実験と同様のつじつま合わせがおきているからかもしれません。

糸巻きをお盆にのせては下ろすなどの退屈な作業を行う

【報酬額が1ドルのグループ】

$1

面白い作業だったよ

作業を終えた参加者

次の参加者（サクラ）

【報酬額が20ドルのグループ】

$20

面白い作業だったよ

作業を終えた参加者

次の参加者（サクラ）

私たちは自分の考えや行動の間に矛盾が生じると，不快感や緊張を覚えます。この状態を「認知的不協和」といいます。

1959年に行われた実験を紹介します。実験参加者は，まず退屈な作業を延々とやらされます。その後，1ドルあるいは20ドルの報酬をもらい，次の参加者（サクラ）に「作業は面白かった」と，うその感想を伝えてもらいます。

すべての実験が終わったあとに，参加者に作業を振り返ってもらうと，報酬額が1ドルの人たちは「作業は面白かった」と評価しました。なぜでしょうか。ほんとうは退屈だったのに面白かったと次の参加者にうそをついたことで認知的不協和が生じます。しかしうそをついた事実は変えられないため，自分の考えのほうを変えて，自分の言動を正当化し，認知的不協和を解消しようとしたのです。

一方，報酬額が20ドルの人たちは，「うそをついたのはお金のためだ」と自分の行為に理由づけができたため，解消すべき認知的不協和が生じなかったと考えられます。

実験終了後

$1

あのとき次の人にいったとおり，作業は面白かった
（うそはつかなかった）

実験終了後

$20

作業は面白くなかった
（お金のためにうそをついた）

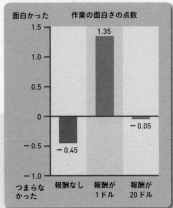

面白かった　作業の面白さの点数

| | 1.35 | |
| つまらなかった | | −0.05 |
| | −0.45 | |

つまらなかった　報酬なし　報酬が1ドル　報酬が20ドル

実験終了後，作業の面白さを点数化してもらった結果の平均値です。なお，実験では，次の参加者にうその報告をしない人たち（報酬なし）も設定されていました。彼らは「つまらなかった」と評価しています。

# 日ごろの習慣や知識が
# 「発想」をさまたげる
# ことも

机の上にロウソクと箱に入った画鋲（押しピン），そしてマッチが置かれています（右ページの1）。「これらを使ってロウソクを壁に取りつけてください」といわれたら，どうしますか？

　これは1945年に発表された実験です。実験参加者たちは，ロウソクに画鋲をさして壁に固定しようとしたり，マッチの火でロウソクの側面をとかして壁に接着しようとしたりしましたが，どれもうまくいきません。

　**この問題の正解は，箱を画鋲で壁に取りつけて，その中にロウソクを置くことです**（右ページの2）。箱をロウソク台として使えばいいのですが，箱は「物を入れるもの」という思いこみ（固定観念）があるため，なかなかその発想には至らなかったようです。

　では，画鋲をあらかじめ箱から出しておいたら，どうでしょうか

## 固定観念が
## ちがう使い方を見えなくする

　ドイツの心理学者カール・ドゥンカー（1903～1940）が行った実験です。この実験では，「箱は入れ物である」という固定観念が，答えに到達するさまたげになったというわけです。

（右ページの3）。箱に対する固定観念をもたずに課題に取り組めるので，より早く正解にたどりつけるはずです。

　このように，**日ごろの習慣や知識が問題解決のじゃまになること**を，**「機能的固着」**といいます。

**1.** 机の上にロウソクと箱に入った画鋲，マッチが置かれています。ロウソクを壁にとりつけるには，どうすればよいですか？

**2.** 箱を「画鋲の入れ物」ではなく，「ロウソク台」としてみることができれば，課題は解決できます。

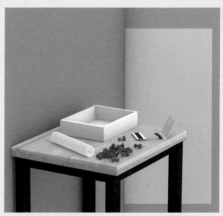

**3.** 箱が空の状態で置いてあれば，「画鋲の入れ物」という固定観念にとらわれにくくなります。

# なぜか正答率の低い「4枚のカード問題」

**問題**

4枚のカードがあります。各カードの表と裏には，それぞれアルファベットと数字が書かれています。ここで，「カードの片面に母音が書かれていたら，もう片面には偶数が書かれている」というルールがあるとします。このルールが守られているかどうかを確認するには，4枚のカードのうちどれをめくればよいでしょうか。めくらなければならないカードすべてを選んでください。なお，めくる必要がないカードはめくってはいけません。

**ま**ずは左下の問題を読み，直感的に考えてください。「E」と「4」と答えた人が多いのではないでしょうか？　答えは「E」と「7」です。この中で母音は「E」だけですから，「母音の裏は偶数」であることを確認する必要があります。また，奇数である「7」の裏面が母音でないことも確認する必要があります。

偶数である「4」は，めくる必要がありません。**なぜなら，ルールは「片面が母音であればもう片面は偶数」というもので，「片面が偶数であればもう片面は母音」である必要はないからです。**

多くの人がまちがえてしまう理由には，16ページで紹介した「確証バイアス」が関係していると考えられています。

---

## この問題を論理的に考えてみましょう。

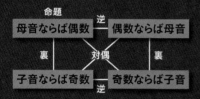

✕ めくる必要はない

もとのルール（命題）「AならばB」に対して「BでないならAでない」を対偶，「BならばA」を逆，「AでないならBでない」を裏の命題といいます。

**2.**「偶数の裏に母音が書かれているかどうか」を確認する必要があると思った人もいるでしょう。しかし，「偶数ならば母音」はもとの命題の逆であり，もとの命題の真偽には関係しないので，めくる必要はありません。

偶数ならOK

**1.** ルールは「母音の裏には偶数が書かれている」なので，まずは母音である「E」をめくり，その裏に偶数が書かれているかどうかを確認します。

子音ならOK

**3.** ルール（命題）が守られているかどうかを確認するには，その対偶を調べる必要があります。「母音の裏には偶数が書かれている」の対偶は「奇数の裏には子音が書かれている」なので，奇数である「7」のカードをめくり，その裏に子音が書かれているかどうかを確認します。

# 2

## 記憶にまつわる
## 認知バイアス

記憶は，いつの間にか変わっていることがあります。
つごうよく，つじつまを合わせたものだったり，だれ
かの言葉に誘導されて「つくられた」ものだったり，
自分が思っている以上に記憶は変わりやすいようです。
問題はそのことに気づいていないということでしょう。
2章では，記憶について解説します。

# 「これくらいなら大丈夫」という思いこみに要注意！

人は，日常ではめったにおきない出来事に直面したとしても「これくらいなら大丈夫」だと思って，いつもどおりの行動をつづけようとする傾向があります。**これを「正常性バイアス」といいます。**

**このバイアスにより，災害が発生したときに危険性を低く見積もったり，つごうの悪い情報を無視したりしてしまうことがあります。** 正常性バイアスは，自然災害などの際に被害を拡大させる要因の一つであると考えられています。

2018年6月28日〜7月8日，西日本を中心に「平成30年7月豪雨」がおきました。この災害時の避難状況に関して，研究者と新聞社が共同で，被災者にアンケート調査を行いました。回答者100名のうち，みずから避難した人は58名，避難せず第三者に救助された人は42名でした。

避難しなかった人の理由として多かった回答は，「これまで災害を経験したことはなかったから」（約32％）のように，「今回もまだ避難するほどではないだろう」とリスクを過小評価した人がいることがわかります。

日常ではめったにおきない想定外の状況では，人は不安になり，心に大きなストレスがかかります。このとき，そのストレスを弱めるために，「自分は大丈夫だ」と信じる「楽観性バイアス」がはたらくと同時に，「まだ逃げるほどではない」という正常性バイアスがおきる可能性があります。**その意味では，正常性バイアスは自分の心を守るための重要な機能の一つともいえます。**

しかし，危険を回避するために適切な行動がとれないと，命を失うことにもなりかねません。避難勧告などが出されたときには，けっして軽視せず，すみやかに避難しましょう。また，避難勧告が出されたときの行動指針や避難ルートを事前に確認し，いざというときに何をすべきかを明確にしておくことも重要です。

## 平成30年7月の豪雨

2018年（平成30年）6月28日～7月8日，西日本を中心に豪雨が発生しました。この期間の総雨量は多いところで1800ミリをこえ，多くの観測地点で降水量が観測史上1位となるなど，大きな災害となりました。被害の大きかった岡山県倉敷市真備町（写真）の被災者に対して行われたアンケート調査では，被災者100名のうち避難せずに救助された人は42名で，避難して助かった人は58人でした（下のグラフ）。

### 被災者100人中，みずから避難した人と避難せず救助された人の割合

避難せず
救助された：
42人

みずから
避難した：
58人

### 避難しなかった人の理由（複数回答）

これまで災害を経験したことはなかったから
2階に逃げれば大丈夫だと思ったから
外のほうが危険だと思ったから
道路が渋滞していて車が動かせなかったから
パニックでどうすればよいかわからなかったから
車などの移動手段がなかったから
病気などで体を動かすことが困難だったから
その他

0　5　10　15　20　25
割合（％）

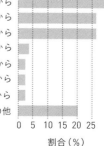

# 過去の投資がもったいなくて，むだな投資をつづける

「取りもどせない費用」の象徴となってしまった超音速機

ドイツのジンスハイム自動車・技術博物館に展示されているコンコルド。空気抵抗の少ないとがった機首が特徴的で，約5500キロメートルあるニューヨーク－ロンドン間を約3時間半で飛行しました。しかし燃費が悪いなど採算がとれないうえに，2000年には墜落事故もあり，2003年11月に全機が退役しました。

超音速旅客機「コンコルド」は，1960年代にフランスとイギリスで共同開発され，1975年に定期国際線に就航しました。しかし，乗客定員が少ない，燃費が悪いなどの問題から，就航前から採算がとれないことは明らかでした。それでも，一度動きだした計画を止めることができず，就航後はさらなる赤字に追いこまれていきました。結局，コンコルドは2003年に運航停止になりました。

このように，すでについやしたコスト（費用，時間，労力など）がむだになることを受け入れられず，さらなるコストの投入をやめられない現象を「サンクコスト効果」といい，「コンコルド効果」ともよばれます。

人は過去についやしたコスト（サンクコスト）をもったいなく感じ，その分を取り返えそうとする傾向があります。たとえば，ギャンブルや株式投資で損失が発生したときに，それを取りもどそうとさらに深みにはまることも，サンクコスト効果で説明されます。

# 記憶は,言葉一つで変わることもある!

私たちの記憶は,非常にあいまいです。アメリカの認知心理学者エリザベス・ロフタスは,人間の記憶は,あとから入ってきた情報によって変化するものであることを実験で示し,これを「事後情報効果」とよびました。

1974年にロフタスは,交通事故の映像を見せてから,1週間後に事故の内容を思いだしてもらう実験を行いました。すると質問のしかたによって,実験参加者が思いだした事故の内容(記憶)が変わったのです(右ページ)。

質問者のちょっとした聞き方のちがいで目撃証言が変わってしまっては,事件や事故の捜査に影響が出てしまいます。たとえば,車のひき逃げ事件で「逃げた車は赤色でしたか?」と質問すると,目撃者の頭の中に赤い車が浮かび,それにつられて記憶が変わってしまうかもしれません。そこで実際の捜査では,「逃げた車は何色でしたか?」のように,できるだけよけいな情報を入れないように質問がくふうされています。

しかし,「逃げた車は赤色らしい」とどこかで聞くと,たとえそれがまちった情報であっても,事後情報効果によって記憶が変わる可能性があります。事件発生から時間が経つと捜査がむずかしくなるのは,記憶が薄れるだけでなく,事後情報効果も影響することがあるからだといわれています。

## 質問の表現で記憶が変わる

ロフタスは,実験参加者に交通事故の映像を見せ,車の速度に関する質問をしました。このとき,「ぶつかった(hit)」と「激突した(smashed)」と質問されるグループがありました。後者は,衝突がはげしかったと思わせる表現にしたわけです。1週間後,同じ実験参加者に,車のフロントガラスが割れていたかを質問しました。すると実際は割れていないのに,「激突した」と質問されたグループのほうが,ガラスが割れていたと回答した人が2倍以上も多かったのです。

実験参加者に交通事故の映像を見せました。
（フロントガラスは割れていない）

**事故の映像を見た1週間後に，車のフロントガラスが割れていたかを実験参加者に質問しました。**

「どれくらいの速度でぶつかったと思いますか？」と質問されたグループでは，14％の人がフロントガラスが割れていたと答えました。

思いだした交通事故の映像
（フロントガラスは割れていない）

「どれくらいの速度で激突したと思いますか？」と衝突がはげしかったと思わせる表現で質問されたグループでは，32％の人がフロントガラスが割れていたと答えました。

思いだした交通事故の映像
（フロントガラスが割れている）

# 思い出は，あとから
# つくられることもある

実験参加者に，子供のころの出来事を四つ提示しました。そのうち三つは家族から聞いたほんとうにあった出来事で，残る一つは実際には経験していないうその出来事でした。

## 偽りの記憶がつくられるまで

授業の課題で，ある学生は14歳の弟に，子供のころにおきた出来事として実際には経験していない出来事を文章で示しました。その後，この出来事について思いだしたことを毎日，日記に書くように求めると，弟はしだいに，実際には経験していなかった出来事について鮮明に思いだすようになりました。

ロフタスは1995年に，同様の実験を18〜53歳の実験参加者24人に対して行いました。その結果，24人中6人がうその出来事を「ほんとうにあった」こととして答えました。

**事実**

注射がこわかった

その後，実験参加者の中にはうその出来事をほんとうの思い出として話す人もいました。実際に経験したかのように，細かい部分まで話したといいます。しかも時間がたっても，そのうその出来事の記憶が薄れることはほとんどありませんでした。

注：このイラストは実験のイメージです。また，倫理的な問題から，現在はこのような実験は行われていません。

事後情報効果（前ページ）を検証したロフタスは，偽りの記憶がつくれることも検証しました。彼女は心理学の授業を受ける学生に，「実際にはなかった出来事を記憶としてつくらせる」という課題を出しました。**その結果，ほかの人から架空のストーリーをあたえられると，実際に経験していなくても，新しいストーリーを自分の中でつくりあげ**てしまう場合があることがわかったのです。

刑事事件では，犯人ではないのに，「自分が犯人かもしれない」と考えて罪を認めてしまう「虚偽自白」という問題があります。これは，取調官が事件のストーリーを何回も話すことで，それを聞かされた人の中で，偽りの記憶がつくられてしまうことが原因の一つだと考えられています。

**事実**
公園で遊んだ

**うそ**
ショッピングモールで迷子になり，年配の男性といっしょにいた

**事実**
レストランで
ハンバーグを
食べた

**偽りの記憶**
ショッピングモールで迷子になり，年配の男性といっしょにいた思い出

コーヒーブレイク
COFFEE BREAK
Column

# 一度手に入れたものは簡単にはゆずれない

たまたま手に入れた景品のぬいぐるみを，遊びにきた友人に「ゆずってくれない？」といわれました。そんなとき，あなたならどうしますか？ いざ手放すとなると「お金をもらっても，あげたくないな」と思う人もいるでしょう。**このように，自分が持っている物に対してはより価値があると考える現象のことを「保有効果（授かり効果）」といいます。**

保有効果を検証した実験を紹介しましょう[1]。ある大学の校章が入ったマグカップをもらった半数の参加者に，「いくらならそれを売るか」たずねます。一方，マグカップをもらっていないもう半数の参加者には「いくらならそれを買うか」たずねます。実験の結果，興味深いことがわかりました。売り手は，買い手が提示した金額の2倍以上の値段をつけたのです。

保有効果を検証したもう一つの実験[2]では，ある参加者のグループにはマグカップが配られ，短いアンケートに答えてもらいます。そしてアンケート終了後に「マグカップと引きかえにお菓子を受け取ることができる」と告げられます。一方，別の参加者のグループにはお菓子が配られ，同様にアンケートに答えてもらいます。そしてアンケート終了後には「お菓子と引きかえにマグカップを受け取ることができる」と告げられます。

実験の結果，品物の交換を希望した人はいずれのグループでもわずか1割ほどでした。

なぜ自分の所有物をなかなか手放せないのでしょうか。**それは，人は一度所有したものを失うことに敏感で，損失には心理的痛みをともなうからだとされています。**

※1：Kahneman D, Knetsch J.Thaler RH. Experimental Tests of the Endowment Effect and the Coase Theorem. Journal of Political Economy. 1990; 98(6): 1325-1348..
※2：Knetsch JL. The Endowment Effect and Evidence of Nonreversible Indifference Curves. The American Economic Review. 1989; 79(5): 1277-1284.

# 「後出し」で記憶を
# つごうよく修正することも

出来事がおきたあとに，それを事前に予測していたかのように錯覚することを「後知恵バイアス」といいます。後知恵バイアスを検証した有名な研究例を紹介しましょう。

1972年，アメリカのリチャード・ニクソン大統領（1913～1994）が中国を訪れ，毛沢東主席（1893～1976）と会談を行ったことが大きなニュースとなりました。当時，東西冷戦を背景に，アメリカと中国は対立関係にあったためです。

心理学者のバルーク・フィッシュホフは，ニクソン大統領が訪中する前に，心理学を専攻する大学生を対象に，アンケート調査を行いました。その内容は，「ニクソン大統領は少なくとも1回は毛沢東主席に会う」や「ニクソン大統領は中国訪問が成功だったと発言する」など，ニクソン大統領の外交に関して今後おきうることを15項目あげ，それぞれについておきる確率を予測してもらうというものでした。

ニクソン大統領の訪中後，フィッシュホフはふたたび同じ学生を集めて，前回と同じ15項目について予測した確率を思いだして記入するように指示しました。その結果，調査に参加した学生の60%以上が，実際におきたことについては事前の予測（確率）よりも高く，おきなかったことについては事前の予測（確率）よりも低く答えたのです。**つまり，学生は結果（事実）に合わせて，事前に予測した確率の記憶を"後出し"で修正したということです。**

**後知恵バイアスがはたらく原因の一つは，以前考えたことを思いだそうとするときにも，現在の知識や情報が影響するためだと考えられています。**

結果に合わせて予測をそのつど変えていると，周囲の人の信頼を失うことになりかねません。物事を予測するからには，その根拠が必要です。「自分は最初からそうなると予測していた」と思うときには，予測の根拠を明確に答えられるかを自問してみる必要があるでしょう。

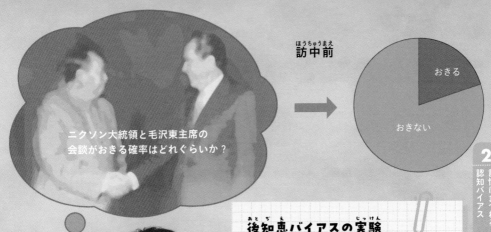

**訪中前**

ニクソン大統領と毛沢東主席の
会談がおきる確率はどれぐらいか？

おきる

おきない

### 後知恵バイアスの実験

ニクソン大統領の中国訪問に関して，事前
に，実験参加者に会談がおきる確率などを
予想してもらいました。訪中後，参加者に
以前の予想を思いだしてもらうと，実際に
おきた出来事に関してはより高い確率を，
おきなかった出来事に関してはより低い確
率を答える人が多いことがわかりました。

**訪中後**

おきない

おきる

会談がおきる確率をどれぐらい
だと見積もっていたか？

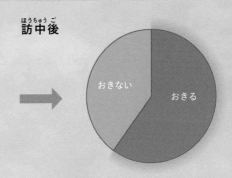

# 完了したことより,途中で終わったことを覚えている

## 検索できる情報は,覚える必要なし!?

何かわからないことがあると,インターネットで検索する人は多いと思います。しかし何度も同じ内容を検索していたり,検索後に,前にも同じサイトにアクセスしたことを思いだしたりすることはないでしょうか。インターネットでいつでも検索できる情報や,デジタル機器に保存されている情報は,記憶されにくいという研究結果が報告されています。これは「グーグル効果」や「デジタル性健忘」とよばれています。

人は，すでに完了した課題の内容よりも完了していない課題や中断された課題の内容をより忘れにくい傾向があります。これを，実験を行った人の名前を冠して「ツァイガルニック効果」といいます。

この実験では，参加者に箱の組み立てなどの手作業や頭を使う問題など，約20種類の課題をあたえます。半分の課題は完了してから次の課題に取りかかるように指示しますが，もう半分の課題は未完了の状態で次の課題に取りかかるように指示します。

最後の課題を終えたあと，参加者に取り組んだ課題について質問しました。すると，参加者が思いだした課題は，完了した課題よりも，中断した課題のほうが約2倍多かったのです。

人は何かに取り組んでいる間は，つねにそのことが頭にあり，緊張がつづいている状態です。そのため，取り組んでいる課題については，内容もすぐに思いだせます。しかしいったん完了すると，そういった緊張も解消されるため，内容も忘れてしまうと考えられています。

# ピーク時と終了時の印象で，すべてが決まる

## 人はピーク時と終了時の印象に影響される

ある出来事に対する記憶は，強い感情を経験したピーク時と，その終わりごろの印象だけで決定づけられるという法則をピーク・エンドの法則といいます。「ピーク」ほどではない途中の印象は，その出来事全体の記憶にはほとんど影響しないといえます。たとえば，行列のできる有名店で食事をしたときに，食事が出てくるまでかなり待たされたとしても，最後においしい料理が出てくると，よい印象が記憶に残り，またその店に行きたいと思うかもしれません。

人が何かの経験をしたとき，その記憶はピーク時と終了（エンド）時の印象で決まります。**これを心理学者ダニエル・カーネマンは，ピーク・エンドの法則とよびました。経験の長さは関係なく，「終わりよければすべてよし」ということです。**

　ある実験では，参加者に，がまんできるギリギリの冷たさ（14℃）の水に60秒間手をひたす課題と，それに加えて水温を1℃挙げた水にさらに30秒間（計90秒）手をひたす課題の両方を経験してもらいました。

その後，もう一度経験するなら60秒と90秒のどちらがよいかをたずねます。

　この場合，苦痛が短かった60秒のほうを選ぶと予想するかもしれません。90秒のほうは少し温度が上がったとはいえ，冷水の中に30秒も余分に手をひたさなければならないのです。しかし参加者のほとんどは，90秒のほうを選びました。苦痛の長さよりも，最後は少し楽になったという印象のほうが記憶に残ったということです。

# 今よりも昔のほうが
# よくみえる？

人は「昔はよかった」と過去を美化しがちです。実際にはつらいことや挫折もあったはずですし，一般的には過去より現在のほうが，技術の進歩によって便利で快適になっているはずです。**このように過去がよかったと感じるバイアスを，バラ色のメガネを通して過去をみているようなものとして「バラ色の回顧」とよびます。**

バラ色の回顧は，なぜ生じるのでしょうか。私たちは日常生活の中でさまざまな感情を体験しますが，いやな思い出をいつまでも引きずらないように，よい（ポジティブな）感情より，悪い（ネガティブな）感情のほうが薄れやすくなっています。これにより，私たちは情緒をおだやかで安定した状態に保つことができます。**そして，このような心を守るしくみが作動した結果として，バラ色の回顧がおきると考えられています。**

## 小学生のころと今では，どちらが幸せ？

人は，現在よりも過去のほうがよかったと思いがちです。小学生のころのほうが幸せだったと感じている人も，もし当時にもどったら，思っていたほど幸せに感じないかもしれません。過ぎ去った時代をなつかしむ気持ちを「ノスタルジア（ノスタルジー）」といいますが，そのような気持ちにも「バラ色の回顧」が関係していると考えられています。

# 多くても少なくても「1人前」が適量？

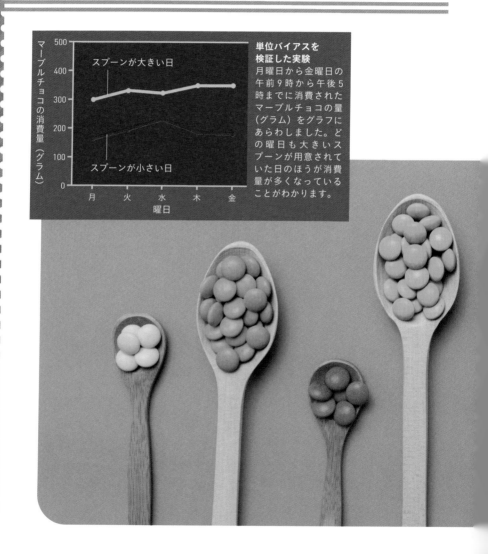

**単位バイアスを検証した実験**

月曜日から金曜日の午前9時から午後5時までに消費されたマーブルチョコの量（グラム）をグラフにあらわしました。どの曜日も大きいスプーンが用意されていた日のほうが消費量が多くなっていることがわかります。

グラフ縦軸：マーブルチョコの消費量（グラム）　0, 100, 200, 300, 400, 500

グラフ横軸：曜日　月 火 水 木 金

スプーンが大きい日

スプーンが小さい日

私たちは「1人前」の量が示されると、残さず全部食べなければいけない、と思いがちです。このように、1単位にまとめられているものが、「ふさわしく最適な分量」であると考える傾向のことを「単位バイアス」といいます。

アメリカで2006年にある実験が行われました※。あるマンションのフロントにマーブルチョコの入ったボウルが置かれ、住人はそれをスプーンで好きなだけ取れます。スプーンの大きさには大小があり、1日ごとに入れかえられます。

チョコの消費量を調べたところ、大きいスプーンが用意されていた日のほうが、1日あたりの消費量が多いという結果になりました（左のグラフ）。場所や食べ物を変えて行った同様の実験でも「1単位の分量が多い日のほうが1日あたりの消費量が多い」という傾向がみられました。

これは「1単位の分量が少ない日のほうが1日あたりの消費量が少ない」ことも意味します。つまりダイエットには、1食分の量を減らすことが効果的でしょう。

※：Geier AB, Rozin P, Doros G. Unit bias. A new heuristic that helps explain the effect of portion size on food intake. Psychological Science. 2006; 17(6): 521-525.

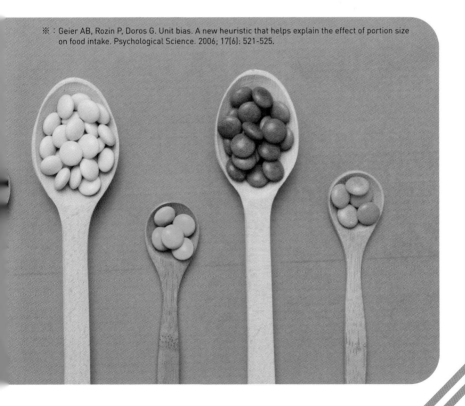

# 3

## 判断にかかわる
## バイアス

私たちは，自分の意思で判断したり行動したりしていると思っていても，まわりの言葉や情報に影響されることがあります。3章では，判断にかかわるバイアスについてみていきます。

# 損をしたくないから，
## 現状にとどまる

**新**しく挑戦することが合理的な状況であっても，失敗をおそれて現状維持を選択する傾向を「現状維持バイアス」といいます。これは，人は何かを得ることへの期待よりも，失うことへの恐怖が大きいためだと考えられています。**このバイアスを説明する代表的なものに，「プロスペクト理論」があります。** この理論によれば，損失をこうむることによる心理的インパクトは，同程度の利益を得る場合の1.5 〜 2.5倍とされています。

たとえば右ページのような実験（状況①と状況②）を設定したとします。状況①では，参加者ははじめに1万円をもらいます。そのあと，さらに5000円をもらう（A）か，50％の確率で1万円をもらえる賭けにいどむ（B）のどちらかを選びます。状況②では，参加者ははじめに2万円をもらいます。そのあと，5000円を返す（A）か，50％の確率で1万円を返す賭けにいどむ（B）のどちらかを選びま

す。実験の結果，状況①では，5000円をもらう（A）を選ぶ人が多く，状況②では1万円を返す賭けにいどむ（B）を選ぶ人が多くなりました。

状況①と状況②では，（A）と（B）それぞれで最終的にもらえる金額の期待値は同じです。それにもかかわらず，状況①のような利益を得る場合では（A）が，損失をこうむる状況②では（B）が選ばれる傾向がありました。これは，それぞれの状況で，「損をした（得が少なくなった）」と感じる選択肢を回避したためだと考えられます。

人生には，挑戦するか，現状を維持するかを選択する場面が数多くあります。未来は複雑で，不確実であるため，現状を維持するほうが安全だと感じる場合もあるでしょう。しかし，挑戦するほうがメリットがありそうな場合でも，現状維持バイアスがあることで挑戦できないことがあります。迷ったときには，何を最優先にすべきか，冷静に考えてみましょう。

まず1万円を
もらえる

まず1万円をもらいます。その後，さらに5000円もらえる（A）か，50％の確率で1万円をもらえる（B）かを選びます。すると，（A）のほうが選ばれる確率が高くなりました。これは，（A）では確実に5000円もらえるのに対し，（B）では1円ももらえない可能性があるため，と考えられています。

（A）さらに5000円もらえる

もらえる金額の期待値
$5000 \times 1 = 5000$円

5000円は
確実にもらえる

（B）50％の確率で1万円もらえる

または

もらえる金額の期待値
$10000 \times \frac{1}{2} + 0 \times \frac{1}{2} = 5000$円

1万円もらえるかも
しれないが，
1円ももらえないかも
しれない

**3**
判断にかかわる
バイアス

**状況②**

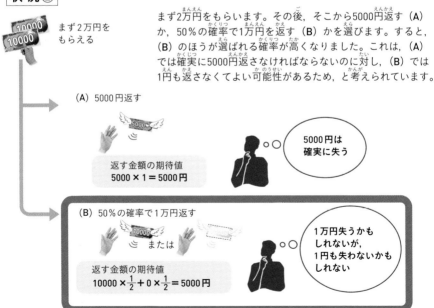

まず2万円を
もらえる

まず2万円をもらいます。その後，そこから5000円返す（A）か，50％の確率で1万円を返す（B）かを選びます。すると，（B）のほうが選ばれる確率が高くなりました。これは，（A）では確実に5000円返さなければならないのに対し，（B）では1円も返さなくてよい可能性があるため，と考えられています。

（A）5000円返す

返す金額の期待値
$5000 \times 1 = 5000$円

5000円は
確実に失う

（B）50％の確率で1万円返す

または

返す金額の期待値
$10000 \times \frac{1}{2} + 0 \times \frac{1}{2} = 5000$円

1万円失うかも
しれないが，
1円も失わないかも
しれない

# 「考えるな」といわれると，そのことばかりが頭に浮かぶようになる

グループA

「シロクマについて考えてください」といわれる

①

①のあとに，「シロクマについて考えないでください」といわれる

②

「シロクマについて考えないでください」といわれる

③

グループB

③のあとに，「シロクマについて考えてください」といわれる

④

シロクマ実験とよばれる実験を紹介しましょう。参加者はAとBのグループに分けられ、グループAは「シロクマについて考える」ようにいわれたうえで思いついたことを口に出しました（①）。その後、「シロクマについて考えない」ようにいわれて思いついたことを口に出しました（②）。

グループBは「シロクマについて考えない」ようにいわれたうえで思いついたことを口に出し（③）、その後「シロクマについて考える」ようにいわれて思いついたことを口に出しました（④）。①～④はすべて5分間で、その間に参加者がシロクマについて思いついた回数を測定しました。

結果は、④のときにシロクマについて最も多くのことを思いついたといいます。**つまり、シロクマについて考えるのをいったんがまんすることで、その後シロクマについて考えたときに、シロクマのことが頭に浮かびやすくなったと考えられます。**

## 考えまいとすると考えてしまうのはなぜ？

④の状況でシロクマについて考える量が多くなっているのは、その前の5分間でシロクマについて考えないようにしていたためです。直前まで、シロクマのことが頭に浮かんでいないかを、みずからチェックしつづけていたことで、むしろシロクマに対して敏感になり、抑制を解いたとたん、シロクマのことで頭があふれたのだと考えられています。

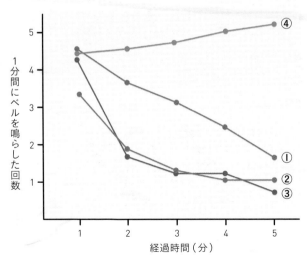

注：この実験では、シロクマのことが頭に浮かんだときにはベルを鳴らすよう指示されます。

# 「協力」ではなく 「競争」だと思うのはなぜか

だれかが得をしたら，それと同じ分だけだれかが損をして，差し引きの合計（サム）がゼロになる状況のことを「ゼロサム」といいます。一方，二人で協力することで新たに利益を手に入れられる状況は，「ノン・ゼロサム」といいます。

**人は，たがいに協力すればノン・ゼロサムの関係になれる状況であっても，ゼロサムだと思いこんでしまう傾向があります。これを「ゼロサム・バイアス」といいます。**

ゼロサム・バイアスは，日常のさまざまな場面でみられます。たとえば学校の成績です。学校で成績を評価する方法には「相対評価」と「絶対評価」の2種類があり，相対評価はゼロサムですが，絶対評価はノン・ゼロサムです。しかし，カナダのゲルフ大学で行われた実験では，「成績は絶対評価で決まる」と教えられたにもかかわらず，学生は相対評価である

ように感じる，つまりゼロサムであるように感じる傾向がみられました（右ページ下のグラフ）。

ゼロサム・バイアスは集団間でもはたらくことがあります。その典型的な例が移民の問題です。国民の間で移民の受け入れを拒否することの原因の一つに，ゼロサム・バイアスがあることを指摘する研究者もいます。

国の資産や仕事の数をゼロサムだと考え，移民のことを「自国の資産や仕事をうばいにくる集団」だとみなすと，移民を排斥する思想につながるおそれがあります。しかし，移民がもたらす労働力や技術によって経済が発展し，新たな仕事が生まれる可能性もあり，状況はゼロサムとは限りません。**現代社会で重要なのは，状況がゼロサムなのか，ノンゼロサムなのかをみきわめたうえで，どのような行動をとるべきかを適切に判断することです。**

## ゼロサム・バイアスを検証した実験

実験参加者には，1〜5点の5段階で，絶対評価で決まる試験の結果であることを伝えたうえで，19名の点数が書かれた表を事前に渡しました。参加者は二つのグループに分けられ，グループAには高得点（4点，5点）の学生が多い点数表を，グループBには低得点と高得点の学生が同数程度いる点数表を渡しておきました。そして，20人目の学生の結果を予測してもらったところ，グループAのほうが点数を低く予測する傾向がありました。絶対評価で高得点の学生が多ければ20人目の学生も高得点であると予測するほうが自然です。にもかかわらず，点数を低くつけたのは，ゼロサム（相対評価）だと考えてしまったからでしょう。

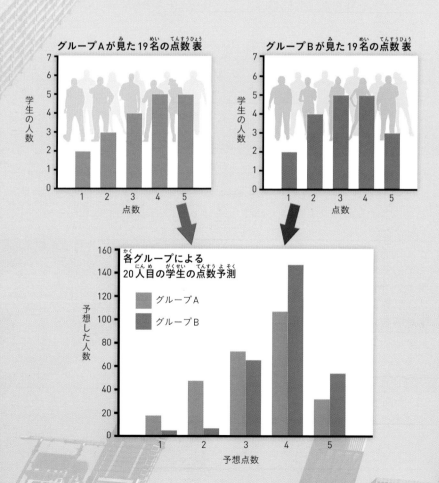

グループAが見た19名の点数表

グループBが見た19名の点数表

各グループによる
20人目の学生の点数予測

グループA
グループB

# レアものや限定品が魅力的に感じる理由

あなたは，ケーキ屋さんにいるとします。おいしそうなケーキが2種類あり，片方はたくさん残っていますが，もう片方は残りわずかです。さて，あなたはどちらを買いたくなるでしょうか？

この場合，人は少ないほうのケーキにより価値があると感じ，それを選ぶ傾向があるようです。このように，希少性が高いものに対して価値を高く見積もることを「希少性バイアス」といいます。

希少性バイアスが生じる原因はいくつか考えられます。一つは，「希少である（数が少ない）ということは，その物がすぐれていることの根拠になる」と考えるからです。ケーキの例でいえば，「ケーキの数が少ないのは，多くの人が手に入れようとするほどおいしいからだ」という推測がはたらきます。

ほかにも，「心理的リアクタンス」が原因にあげられることもあります。これは，自分の行動や選択の自由が制限されたと感じたと

きに，失われた自由を回復しようとして，制限された行動をあえて行おうとする傾向のことです。ケーキの例なら，数が少ないケーキは「食べたいときに食べられない」という状況を想像させます。すると，そのケーキを食べる自由がうばわれたように感じ，買いたくなるというわけです。

希少性バイアスは，限定品がほしくなることとも関係しています。「今ここでしか」といわれると，手に入れる自由をうばわれたと感じ，より魅力的に見えるのです。

## 「少ない物」がほしくなる

数が少ない物や限定品などがほしくなるという気持ちには、「希少性バイアス」が関係しているようです。物の価値を判断する際にも、その物自体の本質的な特徴だけではなく、心理的リアクタンスを感じることや、まわりの人の行動などが影響していると考えられます。

SORRY
THIS ITEM
>>>>
IS OUT
OF STOCK

# 途中から希少になると，より価値があるように感じる

希少性バイアス（前ページ）を検証する実験が，1975年にアメリカで行われました。参加者は三つのグループに分けられ，ビンに入ったクッキーの味などを評価するように頼まれます。グループAとBにはクッキーが10枚入ったビンが，Cにはクッキーが2枚入ったビンが，用意されます。しかし，参加者がそれを食べようとしたとき，別の実験者が来ます。そして，グループAには「ほかの実験室でクッキーが足りなくなったので，分けてもらいたい」と伝えてクッキーが2枚入ったビンと交換し，グループBには「クッキーのビンをまちがえて配置してしまった」と伝えてクッキーが2枚入ったビンと交換し，グループCには「クッキーの枚数を確認しにきた」と伝えてビンを交換せずに去っていきます。

すると，すべて同じクッキーであるにもかかわらず，クッキーの評価はグループA，B，Cの順に高かったといいます。**つまり，クッキーの数が最初から少ないグループCよりも，途中で数が減るグループAやBのほうが評価が高かったのです。**

## 希少になった理由によって，もっとほしくなる

クッキーは，グループCのビンには最初から2枚しか入っていませんが，AとBのビンには10枚入っていました。それが途中で，2枚に減らされてしまうと，同じクッキーなのに，高い価値を感じるようです。さらに，AのほうがBより評価が高かった理由は，「途中でクッキーが減らされたのは，人気がある（おいしい）からだ」と推測して，より貴重に思ったからではないかと考えられます。

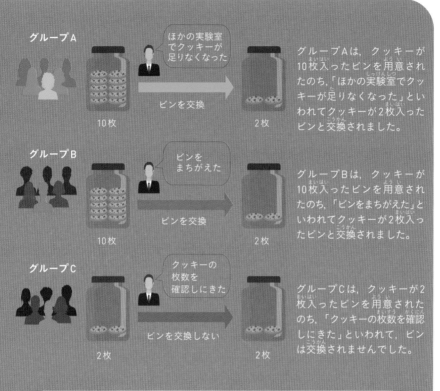

グループA

ほかの実験室でクッキーが足りなくなった

ビンを交換

10枚　　　　2枚

グループAは，クッキーが10枚入ったビンを用意されたのち，「ほかの実験室でクッキーが足りなくなった」といわれてクッキーが2枚入ったビンと交換されました。

グループB

ビンをまちがえた

ビンを交換

10枚　　　　2枚

グループBは，クッキーが10枚入ったビンを用意されたのち，「ビンをまちがえた」といわれてクッキーが2枚入ったビンと交換されました。

グループC

クッキーの枚数を確認しにきた

ビンを交換しない

2枚　　　　2枚

グループCは，クッキーが2枚入ったビンを用意されたのち，「クッキーの枚数を確認しにきた」といわれて，ビンは交換されませんでした。

|  | グループA | グループB | グループC |
|---|---|---|---|
| もっと食べたいか | 2.25 | 3.27 | 4.08 |
| クッキーはどれほど魅力的か | 2.33 | 3.00 | 4.00 |
| 値段をつけるならいくらか | 71.5セント | 60.9セント | 45.8セント |

「クッキーをもっと食べたいか」や「クッキーに値段をつけるならいくらか」などを各グループに評価してもらったところ，グループA，B，Cの順に高評価をつけました（値段以外は，数字が小さいほうが高評価をあらわす）。

注：複雑な実験のため，条件などは省略して紹介しています。

# 聞き方しだいで答えが変わる

人の意思決定がつねに合理的なら，同じ条件が示されていれば，同じ選択に至るはずです。しかし，現実は必ずしもそうではありません。**実際，心理学の研究では同じ内容を問う質問でも，聞き方によって答えが変わりうることがわかっています。これを「フレーミング効果」といいます。**

1981年にトベルスキーとカーネマンは，次のような実験を発表しました。流行が予想される病気への対策として二つのプログラムが計画されており，どちらを選ぶかを答えてもらうというものでした。

その際，質問のしかた（枠組み＝フレーム）が二つ用意されました。一つは「（命が）助かる」という表現をもちいたポジティブ・フレーム，もう一つは「死亡する」という表現をもちいたネガティブ・フレームです。実験の結果，同じことを問う質問でも，フレームによって，選択されやすいプログラムがことなりました。

この理由を，実験者らは「プロスペクト理論」によって説明しています（60ページ）。**人間にはリスクをおかしてでも損失をさけようとする傾向があります。**

プログラムAとCは同じ内容ですが，Cが選ばれにくかったのは，Cがネガティブ・フレームで，多くの損失（死亡）をともなうプログラムだったため，許容しづらかったのではないかと考えられています。

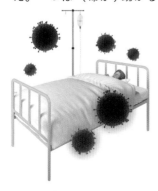

**【質問】**
ある病気の流行が予想されており，600人が死亡する見通しとなっています。その対策として2種類のプログラムが考えられました。あなたはどちらのプログラムに賛成ですか？

## ポジティブ・フレーム

### どちらのプログラムに賛成ですか?

| | |
|---|---|
| **A.** | 200人が助かる |

| | |
|---|---|
| **B.** | 3分の1の確率で600人が助かるが,<br>3分の2の確率でだれも助からない |

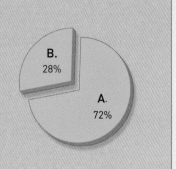

B.
28%

A.
72%

## ネガティブ・フレーム

### どちらのプログラムに賛成ですか?

| | |
|---|---|
| **C.** | 400人が死亡する |

| | |
|---|---|
| **D.** | 3分の1の確率でだれも死亡しないが,<br>3分の2の確率で600人が死亡する |

C.
22%

D.
78%

## ネガティブな表現は敬遠される

実験参加者に左ページの【質問】を提示しました。そして架空の病気への対策として,半分の参加者にはプログラムAとBを,もう半分の参加者にはプログラムCとDを示しました。プログラムAとC,そしてBとDは,よくみれば内容は同じです。実験の結果,ポジティブ・フレームでは参加者のうち72%がプログラムAを選びました。しかし,同じ内容がネガティブ・フレームで表現されたプログラムCを選んだ人は22%しかいませんでした。

# 数値を示されると，それがめやすになる

## 最初に示された数値に左右される

下の実験で，「65%より多いか？」とたずねられたグループの回答の中央値（回答を小さい順に並べたときに中央にくる値）は「45%」でした。一方，「10%より多いか？」とたずねられたグループの回答の中央値は「25%」でした。なお，当時の実際のアフリカ諸国の割合は約31%でした。

国連加盟国のうち，アフリカ諸国は何%だと思いますか？

**65%**より多いと思いますか？

65%より少なそうだから，45%ぐらいかな（参加者の回答の中央値は**45%**）

**物**を売買するときの，売り手側の値段交渉のテクニックとして，次のものがあります。まず本来の値段より高い金額を提示します。すると買い手はその金額を基準に考えるため，売り手は有利に交渉を進めることができるというものです。**数値を示されると，それが無意味なものであってもその数値をもとに判断することを「アンカリング効果」**といいます。

トベルスキーとカーネマンは，参加者を二つのグループに分け，国連加盟国のうちアフリカ諸国は何％だと思うかを質問しました。その際，一方のグループには「65％より多いと思うか？」と質問し，もう一方のグループには「10％より多いと思うか？」と質問しました。

すると「65％」という数値を出して質問されたほうが，高い数値を答えたのです（左下の図）。答える前に示された数値がアンカー（船のいかり）となり，それに近い数値で答えを出してしまったからだと考えられています。

国連加盟国のうち，アフリカ諸国は何％だと思いますか？

**10％**より多いと思いますか？

10％より多いと思うから，25％ぐらいかな（参加者の回答の中央値は25％）

# ドキドキするのは，好きだから？

## もっともらしい原因があると取りちがえる

つり橋効果は，心拍数が上昇した原因を，つり橋への恐怖ではなく，女性の魅力と取りちがえたためにおきたと考えられています。このように，原因を本来のものではなく，別の誤ったものに帰属させることを「誤帰属」といいます。誤帰属は，もっともらしい原因に対しておきます。そのため，心拍数が上昇したときに見た女性が魅力的でなければ，恋愛感情に取りちがえることはありません。

## 誤帰属を検証したつり橋実験

つり橋を一人で渡ってきた男性のところに女性がやってきて，簡単なアンケートを行います。アンケートに回答後，「結果が知りたければ，この電話番号に連絡して」と，女性が男性に電話番号を渡します。すると電話番号を受け取った男性の半数が電話をかけてきました。一方，この実験を頑丈に固定された通常の橋で行うと，電話をかけてきた男性は少数でした。

高いつり橋の場合
電話をかけた人は50%
📞 9/18人

低い固定された橋の場合
電話をかけた人は12.5%
📞 2/16人

心拍数が上がる状況でも，デート中なら「楽しい」，交通事故を目撃したときなら「こわい」というように，ことなる感情をもちます。これは「心拍数が上がる」という生理的変化に加えて，「デート中」「事故を目撃」というような状況に応じた解釈によって，「楽しい」や「こわい」という感情（情動）がおこることを示しています。この現象に関する研究に「つり橋実験」があります。

高くて揺れるつり橋を渡っている男性に魅力的な女性がアンケートを行い，結果を知らせるので後日連絡するようにと電話番号を教えます。すると，頑丈に固定された通常の橋で同様の実験を行ったときよりも，電話をかけてくる男性の割合が高かったのです。これはつり橋にいる恐怖によってドキドキしたことを，目の前にいる女性が魅力的だからドキドキしたのだと取りちがえたことによると考えられます。

ただし，心拍数が上昇しても，女性が魅力的でなかった場合，その人を好きになるような勘ちがいはおきないこともわかりました。

**ランニング後に魅力度上昇**
（平均スコア 26 → 32）

好きでもきらいでもない女性

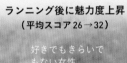

**ランニング後に魅力度低下**
（平均スコア 15 → 9）

好みではない（魅力を感じない）女性

参加者（ランニングで心拍数を上げてもらう）

### 好みでないなら逆効果

男性に女性の映像を見てもらってから，ランニングをしてもらいました。心拍数の上がった男性に先ほどの女性の映像を見てもらい，魅力度を点数化してもらいました。するとランニング後は，女性の魅力度が上がりました。しかし化粧などでわざと魅力を感じさせないようにした同じ女性に対しては，男性が感じる魅力度が下がりました。

# 何度も見ると「好き」になっていく？

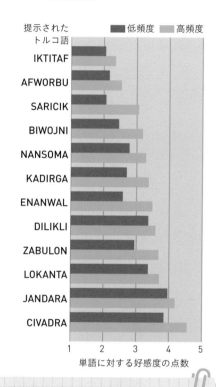

IKTITAF

AFWORBU

SARICIK

BIWOJNI

NANSOMA

KADIRGA

ENANWAL

DILIKLI

ZABULON

LOKANTA

JANDARA

CIVADRA

1　2　3　4　5
単語に対する好感度の点数

テレビやスマートフォンなどで，何度も同じ広告を見ると，最初はなんとも思わなかったのに，紹介されている商品がだんだん気になってきた，という経験はないでしょうか。また，同じ曲を何回も聞いているうちに，その曲が好きになったという経験もあるかもしれません。

　同じものを何度も見聞きしていると，しだいにそれに対して好意的になることを「単純接触効果」といいます。たとえば，なじみのない外国語を使った実験では，もとの単語の意味がわからなくても，接触回数が多いほうが好感度が高くなることが示されています（右のグラフ）。

　同じものに何回も接触していると，「それがあることがあたりまえ」のようになります。**これは脳がその情報をスムーズに処理できるようになったためです。ストレスなく処理できる情報はより好ましく感じられます。これによって，単純接触効果が生じると考えられています。**

### 見た回数による好感度のちがい

なじみのないトルコ語が書かれたカードを実験参加者に見せ，発音練習をさせました。このとき単語によって見せる回数を変えます。その後，単語に対する印象を点数で示してもらったところ，見た回数が0回，1回，2回（低頻度）のときよりも，5回，10回，25回（高頻度）のほうが好感度が高くなりました（上のグラフ）。

# 見なれてもらうことが重要

ビルの壁面や屋上，電車の車内，雑誌，テレビ，スマートフォンなど，あらゆる場面で同じ広告を見ると単純接触効果がおき，その商品を好きになることがあります。ただし，最初に見たときの印象が悪いと，かえって嫌いになることもあります。

# フェイクニュースが信じられるわけ

フェイクニュースやデマは，とくに非常時や災害時には人の安全を左右しかねない危険な情報になることがあります。コロナ禍に根拠のない予防法などがSNSを通じて拡散したことも記憶に新しいでしょう。

**人はくりかえし接する情報を真実と受け止めやすい傾向があるといわれており，「真実性の錯覚」とよばれています。** 1977年に行われた真実性の錯覚を検証した実験では，参加者に数多くの情報を見てもらい，それぞれどの程度ほんとうらしいと思うかを答えてもらいました。情報は歴史，科学，スポーツなどの分野から参加者がくわしく知らないと思われるものが選ばれました。

提示される情報の中には，正しい情報とまちがった情報が含まれています。たとえば「ヘミングウェイは『老人と海』でピューリッツァー賞を受賞した（正しい）」「カピバラは最大の有袋類である（まちがい）」などです。

実験参加者には情報のほんとうらしさを判定する問題を，2週間の間隔をあけて3回行ってもらいました。その際，くりかえし提示される情報と1回だけ提示される情報がありました。すると，その情報が正しいかどうかにかかわらず，提示された回数が多い情報ほど，よりほんとうらしいと受け止められることがわかりました。

何度も接したことのある情報は脳内でスムーズに処理できるようになり，好感度が上がるといわれています（単純接触効果，前ページ）。**それと同様のしくみが，情報のほんとうらしさの判断にも影響すると考えられています。**

## コロナ禍で拡散したフェイクニュース

うわさの研究によれば，他者に伝達されやすいうわさは，「あいまいさ」と「不安」が大きいもののようです。不安をかきたてる情報がうわさとして伝えられやすいというだけでなく，不安を感じやすい傾向にある人や，不安を引きおこすような社会状況においても，うわさは広がりやすいとされています。不確かな情報がコロナ禍で拡散したのも、そのためかもしれません。

FAKE NEWS

# 確率は低いのに
# 「もっともらしい」
# ほうを選ぶ

右ページの【問題文】を読んだあと，選択肢AとBから，可能性の高いと思われるほうを選んでください。

みなさんは，どちらを選びましたか？　この問題は「リンダ問題」とよばれ，心理学の分野でよく知られています。この問題では，多くの人が，リンダはBの「フェミニズム運動※に熱心な銀行の窓口係」の可能性が高いと答えます。

しかし可能性が高いのはAの「銀行の窓口係」です。なぜなら「フェミニズム運動に熱心な銀行の窓口係」は，「銀行の窓口係」の中に含まれるからです。このように「フェミニズム運動に熱心」で，かつ「銀行の窓口係」と，複数の条件（命題）を同時にみたす（真である）ことを，論理学では「連言」といいます。そして複数の条件を同時にみたす場合のほうが，一つ

の条件をみたす場合よりもおこる可能性が高いと，誤って判断することを「連言錯誤」といいます。

提示された問題文からは，フェミニストの典型的な特徴が読み取れるので，多くの人は直感的にBだと判断します。このように，ある事例が，特定のカテゴリーの代表的な特徴をどの程度そなえているかをもとにして，その事例のおこりやすさを判断する方法を「代表性ヒューリスティック」といいます。

ヒューリスティックというのは，論理的に考える段階を経ずに直感的に結論に至る方法です。ヒューリスティックには短時間で判断できるというメリットがありますが，連言錯誤のように誤った判断をくだしてしまうデメリットもあるので注意が必要です。

※：社会・経済・政治などあらゆる側面において，女性が権利を獲得し，自由に選択できる社会をめざす思想にもとづく社会運動。

リンダ

### 【問題文】

リンダという女性がいます。彼女は31歳で独身。非常に聡明で，はっきりものをいう性格です。リンダは学生時代に哲学を専攻していました。人種差別や社会正義の問題に強い興味をもち，反核運動にも参加していました。下に示した二つの選択肢のうち，リンダは現在，どちらである可能性が高いでしょうか。

### 選択肢A

リンダは銀行の窓口係です。

### 選択肢B

リンダはフェミニズム運動に熱心な銀行の窓口係です。

## リンダに関する命題

命題P：「リンダは銀行の窓口係です」
命題Q：「リンダはフェミニズム運動に熱心です」
命題Pかつ命題Q：「リンダはフェミニズム運動に熱心な銀行の窓口係です」

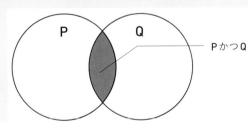

PかつQ

## 二つの条件を同時にみたす確率は低い

リンダ問題を視覚的に示すと，左の図の命題P（銀行の窓口係である）という領域の中に，右の図の命題Pかつ命題Q（フェミニズム運動に熱心な銀行の窓口係）という部分が含まれます。もしリンダが命題Qの条件をみたしたとしても，命題Pをみたすとは限りません。選択肢Bは，選択肢Aよりも確率が低いことがわかります。

# 期待をかけられると
# ほんとうに成果がでる

　まわりの人に期待されたら，よい成績をとるようになったという経験はありませんか？ 1960年代半ば，アメリカで行われた心理学の実験では，小学生を対象に知能指数を測定するテストが行われました。そしてその後，実際に測定された知能指数に関係なく，ランダムに選んだ生徒について「今後，急速に知的能力がのびるだろう」と担任教師に伝えました。すると1年後，ランダムに選ばれた生徒の知能指数がほんとうに上がったのです。

　**この現象はピグマリオン効果とよばれ，教師が無意識のうちに「知的能力がのびる」とされた生徒のやる気を引きだすような行動をとったためと説明されています。**この研究には検証の方法や結果の再現性などについて，さまざまな批判もあります。しかし，人は期待されればそれにこたえようと努力し成績がのびるという考え方は，教育の場やビジネスの場になじむこともあり，広く浸透しています。

　**ピグマリオン効果と似た現象に，「ホーソン効果」があります。**ある通信機器メーカーのホーソン（地名）にあった工場では，生産性の向上に関係しそうな職場環境が実験的に調べられました。すると，どのような環境を設定しても生産性が上がったのです。また，その後の研究で，従業員の意識変化によるものであったことがわかりました。

　つまり，その工場で実験が行われたことで，自分たちが注目され，観察されていることを意識するようになり，従業員一人ひとりが努力するようになったのです。また，生産性向上という目標達成のために仲間との連帯感が高まったことなどで，生産性が上がったと考えられています。

　ピグマリオン効果と逆に，期待されていなかったり失敗するだろうと思われていたりすると，成績が下がったり失敗したりする現象も確認されています。**これは「ゴーレム効果」とよばれています。**

## ピグマリオン王とガラテア

ギリシャ神話のピグマリオン王は，自身がつくった彫像の乙女ガラテアに恋をします。ガラテアが人間になってほしいと願いつづけていると，やがて女神がその願いを聞き入れてくれたのです。ピグマリオンは人間になったガラテアを妻にしました。「ピグマリオン効果」の名前は，この神話が由来となっています。

# 手間をかけたものには
## 価値がある？

**自分で組み立てるとよく見える**

苦労して組み立てたものには、既製品以上の価値を感じるようになります。

既製品とくらべると，自分でつくったものには高い価値を感じることが報告されています。素晴らしいものだと思うだけでなく，金銭的にも高い価格をつける傾向があるといいます。

　**このような現象は「イケア効果」とよばれています。** イケアはスウェーデン発祥の家具量販店ですが，世界中に出店しており，日本でもおなじみです。イケアの家具の多くは，購入者みずからが組み立てる必要があ

ります。そこで，**手間ひまをかけて自分でつくったものに大きな価値を見いだすことを「イケア効果」とよんでいます。**

　あるメーカーでは，水を入れて焼くだけの簡単なホットケーキミックスを開発しましたが，あまり売れませんでした。しかし，自分で卵や牛乳を入れる「ひと手間」を工程に加えると，売れ行きが改善したそうです。これも，イケア効果の例だと考えられます。

# 効き目のない「偽薬」で
# 症状が改善する？

た とえば「この薬には痛みをやわらげる効果ある」と思って飲むと，実際には鎮痛成分が入っていなくても，症状が改善することがあります。**これは「プラセボ（偽薬）効果」といい，よく知られているバイアスです。**

薬を受け取るときには，薬剤師が効能などを説明してくれます。この説明をしっかり聞いて効能を理解してから飲むと，薬の内容をよく知らない場合よりも効果が高まるという報告もあります。**「病は気から」という言葉は昔からありますが，「効く」と思いこむことで実際に体調がよくなることがあるのです。**そのため医薬品や健康食品の広告では，購入者が「効きそうだ」と思うように工夫されています。

プラセボという言葉は，ラテン語で「喜ばせる」という意味の言葉が由来となっています。この効果がおきる理由はまだ解明されていませんが，薬が効いてほしいという患者の期待が関係していると考えられています。逆に，偽薬であるにもかかわらず，「副作用があるにちがいない」などと思い，実際に具合が悪くなることもあります。**これは「ノセボ効果」とよばれています。**

プラセボ効果はもともとは医療現場での用語でしたが，現在はもう少し幅広く使われることもあります。たとえば，水道水を入れたペットボトルに市販の天然水などのラベルを貼ると，水道水のラベルを貼ったものよりもくさみを感じず，甘みを感じる人が多かったという研究報告もあります。これもプラセボ効果の一つとされています。

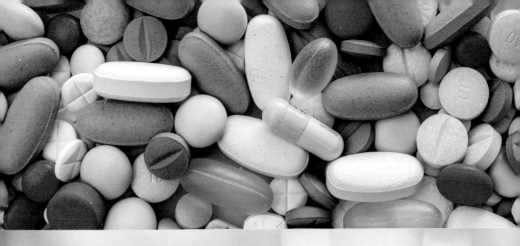

## 単盲検法と二重盲検法

新薬の臨床試験ではその効果をみるために，参加者を，偽薬を投与する群（偽薬群）と新薬を投与する群（新薬群）に分け，同期間投与した結果を比較します。このとき期待などのバイアスが結果に影響しないよう，医師にも参加者にも，どちらの群かを知らせない「二重盲検法」を行います。二重というのは医師と参加者の両方という意味で，医師だけが偽薬群を知っている場合は「単盲検法」といいます。臨床試験の結果，新薬に効果のある可能性が高いと評価されたものが，新薬承認へと進みます。

# おとりの選択肢で，ターゲットを選ばせる

あなたは今，車の販売店にいます。店内には性能や価格のことなる多くの車が並んでいます。どれにしようか迷っていると，店員がAとB，2種類の車の説明をはじめました。Aは性能はよいが価格が高く，Bは性能は劣るが価格は安くなっています。性能を優先するならA，価格を優先するならBとなるでしょうが，あなたは，性能と価格のどちらもゆずれず迷っています。

悩んでいるあなたを見て，店員はさらに別の車（C）の紹介をはじめました。Cは，性能がAとBの間で，価格はAより高い車です。すると，性能と価格の両面でCよりすぐれているAの魅力が高まり，価格面でしか取り柄がないBの魅力は下がります。その結果，Aが選ばれやすくなるのです。

このように，二つの選択肢のうちの一方を引き立てるような三つ目の選択肢を提案すると，引き立てられた選択肢のほうが選ばれやすくなることを「おとり効果」といいます。Cの車は，Bを選ばせないでAを選ばせるための「おとり」の役割をはたしているのです。

## おとり効果を検証した実験

おとり効果の検証実験[※]では，六つのカテゴリー（車，レストラン，ビール，宝くじ，映画，テレビ）ごとに，複数の選択肢を参加者に提示し，一つを選択してもらいました。その結果，おとりが選択肢に含まれている場合，おとりが引き立てる特徴をもつ選択肢（ターゲット）は，別のすぐれた特徴をもつ選択肢（競合）よりも選ばれることが示されました。

※：Huber J. Payne JW. Puto C. Adding Asymmetrically Dominated Alternatives: Violations of Regularity and the Similarity Hypothesis. Journal of Consumer Research. 1982; 9: 90-98.

# 4

## 人間関係
## のバイアス

人に対しての思いこみや偏った考え方は，偏見や差別につながります。また，人は実際以上に自分が見られていると思ったり，他者も自分と同じ考えをもっていると思ったりすることがあります。4章では，人間関係にかかわるバイアスを紹介します。

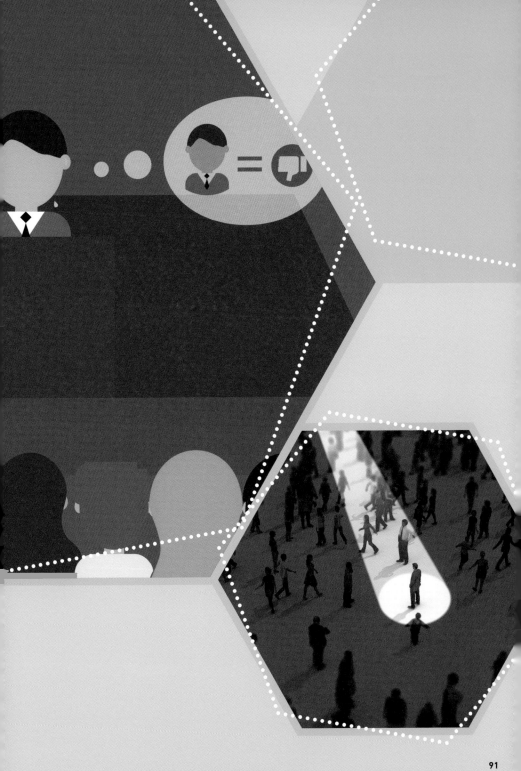

# ステレオタイプによって見えるものが変わる

### ステレオタイプに一致した特徴をよく覚えている

実験参加者に，ある夫婦が誕生日を祝っている映像を見せたあと，映像に登場していた女性に関する記憶をテストをしました。その結果，映像を見せる前に「女性は図書館司書である」と伝えられていた参加者は「メガネ」「本棚」「飾られた絵画」などを思いだし，「女性はウェイトレスである」と伝えられていた参加者は「ハンバーガー」「ビール」「ギター」などを思いだしました。つまり，事前に伝えられたそれぞれの職業のステレオタイプにあてはまる特徴をよく記憶していたということです。下のイラストはイメージ図です。

女性の職業を司書といわれた場合

本棚

メガネ

絵画

サラダ

私たちは、人や物を似ているものどうしで分類（カテゴリー化）することがあります。分類にはたとえば、「アメリカ人」や「20代」というように、国や組織、年齢などに応じた社会的カテゴリーがあります。

それらの社会的カテゴリーがもつ共通の特徴を単純化した固定観念を、「ステレオタイプ」といいます。たとえば、日本人は勤勉でイタリア人は陽気というように、私たちはある集団に属する人の特徴を、ステレオタイプにしたがって大まかに判断する傾向があります。

他者の特徴をすばやく把握できるという点では、ステレオタイプは有用です。しかし、人は多様な特徴をもち、必ずしもステレオタイプにあてはまるとは限りません。個人をステレオタイプにあてはめて判断することは、偏見につながります。他者を正しく理解するためには、その人の特徴をステレオタイプで断定していないか、疑ってみることが重要です。

女性の職業をウェイトレスといわれた場合

ボウリング

ギター

ビール

ハンバーガー

# あなたが思うほど，他人はあなたに興味がない

自分がもっている情報や経験を基準にして，他者の考えを推測することを「自己中心性バイアス」といいます。人は自分の視点からはなれることがむずかしいために，どうしても自分中心の視点で他者を解釈してしまうことを意味します。

　自己中心性バイアスの一つの例に「スポットライト効果」があります。これは，自分の外見や行動に，他者も自分と同じくらい注目していると思うことです。たとえば，髪型を変えた翌日，友人たちの反応を気にしながら登校したところ，気づいた人はほとんどいなかった，という経験をもつ人もいるでしょう。

　2000年に行われた実験では，参加者は，若者にあまり人気のないミュージシャンの顔が胸に大きくプリントされたTシャツを着て，ある部屋に行きアンケート調査に回答するように指示されます。部屋に入ると4名程度の別の参加者が，すでにアンケートに回答しています。参加者は別の参加者の真向かいに座って回答をはじめますが，すぐに実験者からよびだされて部屋から出ます。

　このあとTシャツを着た参加者に，「部屋にいた人のうち何人が，Tシャツにプリントされた人物の名前を答えられると思うか」と質問をしました。参加者の回答の平均は46％でしたが，実際に答えられた人は平均23％でした。

　また，この実験のようすを再現した映像を第三者に見せ，彼らに「何人が，Tシャツにプリントされた人物の名前を答えられるか」を推測してもらったところ，回答の平均は24％でした（右のグラフ）。つまり，**本人が気にしているほど他人はTシャツのデザインに注目しておらず，それは第三者の予想からも確認されたのです。**

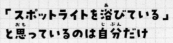

## 「スポットライトを浴びている」と思っているのは自分だけ

他人も，自分と同じくらい自分のことを注目しているだろうと思ってしまうのがスポットライト効果です。これは，自分の見方を他者に重ねてしまうことによって生じます。

本人の予想

別の参加者
の予想

第三者
の予想

## 他人は，思ったよりも自分の服装を見ていなかった

左のグラフは，Tシャツの実験の結果を一部抜粋して示したものです。本人の予想にくらべると，周囲の人々はTシャツにプリントされた内容をあまり覚えていませんでした。

# あなたの気持ちは、意外と周囲に見抜かれていない

自己中心性バイアス（前ページ）の別の例が、「透明性の錯覚」です。これは、**自分の気持ちが実際以上に他者に見すかされている、と思うこと**です。

1998年に行われた実験を紹介します。参加者の前には、少量（5ミリリットル）の飲料が入った15個のカップが置かれています。そのうちの5個は、酢や塩の入った「まずい」飲料です。参加者が15個の飲料を順番に飲んでいくようすをビデオカメラで撮影し、あとで10人の観察者にそれを見せます。撮影時に参加者は、まずい飲料を飲んだときにも、顔にださないように指示されます。

観察者は映像を見ながら、15個の飲料一つ一つについて、「まずい」かどうかを当てるように指示されます。なお、観察者にはあらかじめ、15個のうち5個がまずい飲料であることを知らせておきます。つまり、あてずっぽうに答えても3分の1は正解できることになります。結果、参加者が飲料を1個飲むごとに、それが「まずい」飲料であることを見抜いた観察者は10人中平均で3.56人でした。これは、あてずっぽうに答えて正解する人数（3.33人）とほぼ同じです。

一方、参加者に、観察者10名のうち何人が「まずい」飲料を飲んだことを見抜いたか予測させたところ、平均で4.91人と、実際の正解者数を上まわりました。

この結果から、**うそをついている本人は、実際よりも他者がそれを見抜いていると思っていることがわかります。**うそをついているときの動揺など、自分の心の中が相手につつ抜けであるように感じるため、「ばれているにちがいない」と思うのです。

## 緊張には気づかれていないかも

大勢の前でプレゼンなどをすると，自分では，汗をかいたり手がふるえたり声がうわずったりしていると感じられ，まわりの人があきれているのではないかと不安になります。しかし聴衆側は意外と発表者の緊張には気づかず，「堂々としているな」などと思っているかもしれません。

# マスコミの報道は
## 偏っている!?

人は，自分の考えこそが正しく，客観的であると思いがちです。そのため，**自分と同じ立場から報道されたニュースや記事を見ると「中立的な報道である」とみなす一方，双方の立場を盛りこんだ中立的な報道をみると「この報道は偏っている」とみなすことがあります。こうした傾向を「敵意的メディア認知」**といいます。

たとえば，政治的意見に関して二つの陣営（A陣営，B陣営）があった場合，どちらの陣営にも偏らない中立的な報道が行われていても，A陣営の人は「A陣営に敵対的だ」と感じ，B陣営の人は「B陣営に敵対的だ」と感じるようです。

1985年にアメリカのスタンフォード大学で行われた実験では，イスラエル寄りの参加者とアラブ寄りの参加者に，1982年におきた「サブラー・シャティーラ事件」（右ページ上の囲み）のニュース映像を見せました。すると，双方に同じニュース映像を見せたにもかかわらず，イスラエル寄りの人はイスラエルに批判的な報道だという印象をもち，アラブ寄りの人はパレスチナに批判的な報道だという印象をもったのです。

**このようにマスメディアによる報道を「偏っている」と思うのは，「自分は現実を客観的にみることができる」と信じる「ナイーブ・リアリズム」が関係しています。**また，世間一般の人々が，テレビなどのメディアに踊らされているのではないかと懸念する声をよく耳にします。これは他者（第三者）は，マスメディアに強く影響されるものだと考える傾向があるためで，「第三者効果」とよばれます。

## サブラー・シャティーラ事件とは

1982年，レバノンのサブラーとシャティーラにあったパレスチナ難民キャンプに，親イスラエル政党などによる民兵組織が突入しました。2日間にわたって虐殺が行われ，多くのパレスチナ難民が犠牲になりました。

注：下の画像とこの事件は関係ありません。

4 人間関係のバイアス

# 「自分ばっかり……」 と思ってしまう

二人で協力して行う活動において，自分の貢献度を過大評価する傾向を「貢献度の過大視」といいます。

パートナーのいる人を対象に行った調査※では，二人の生活でおきうるさまざまな出来事について，自分とパートナーの貢献度を評価してもらったところ，全般的に，パートナーより自分の貢献度をより高く見積もる傾向がみられました。

さらに，「二人のために楽しいことを計画する」「二人の間に生じたもめごとを解決する」「パートナーを批判する」「パートナーに迷惑をかける」の4項目について，自分またはパートナーが具体的に行った事例を参加者に列挙してもらったところ，自分が行った事例の割合が高い人ほど，自分の貢献度を高く見積もりました。この傾向は出来事のよしあしに関係なくみられ，悪い出来事に対しても，自分の責任を実際よりも高く見積もりました。

※：Thompson SC and Kelley HH. Judgments of responsibility for activities in close relationships. Journal of Personality and Social Psychology. 1981; 41(3): 469-477.

## 自分の貢献度を高く見積もるのはなぜ？

人はなぜ「パートナーよりも自分のほうが多く貢献している」と考えてしまうのでしょうか。その理由として、自分の行いはパートナーの行いよりも思いだしやすく、それが貢献度の見積もりに影響している可能性が考えられています。

# 自分の常識が，「世間一般の常識」だと考える

あなたは友だちと，「推し」が出演するドラマの話題で盛り上がっていたとします。ところが，家でおばあちゃんにその話をすると，「推し」という言葉がまったく通じません。あなたの世代にとってはあたりまえの知識（常識）でも，世間一般に知られているわけではないのです。

**このように自分が知っていることを，ほかの人も知っているだろうと思うことを「知識の呪縛」といいます。**たとえば，アルバイト先ではだれもが使っている用語を，別のコミュニティで使うと通じないことがあります。そのとき「そんなことも知らないの？」などといってしまうと，相手を傷つけたり，人間関係を悪くしたりするかもしれません。

自分の常識が，世間一般の常識とは限らないことを，意識するようにしましょう。

### それって「共通語」？

私たちには「自分の常識はだれにでも通じる」と思う傾向があるため，自分の常識が通じない人に対しては，相手がものを知らないのだと感じてしまいがちです。しかし相手も，自分の常識をあなたにあてはめ，同じように感じているのかもしれません。

# 思いだしやすいことが「よくあること」とは限らない

### 「平和な日常」はニュースにはならない

ニュースで目にするのは，非日常の出来事です。たとえば高齢ドライバーの交通事故は実際には減少傾向にありますが，ふえたという印象をもっている人も多いのではないでしょうか。悲惨な出来事やショッキングな映像は印象に残りやすいため，似たようなニュースを何度も目にしていると，ネガティブな出来事が実際以上におきていると思う可能性があります。

104

人は思いだしやすいものを,「たくさんある」「よくおきている」と判断する傾向があります。これを「利用可能性ヒューリスティック」といいます。

　ある実験で，典型的な英語の中に，Rが最初にある単語（redなど）と，Rが3番目にある単語（circleなど）のどちらが多いかを，予測してもらいました。その結果，Rが最初にある単語のほうが多いと答える傾向がありました。しかし実際には，3番目にある単語のほうが多いのです。このような結果が出たのは，Rが最初にくる単語のほうが思い浮かべやすいからだと考えられます。

　ヒューリスティックは，迅速な判断や選択が必要な場合には役立ちます（80ページ）。ただし注意が必要なのは，マスメディアの報道が，利用可能性ヒューリスティックによる判断に影響することです。**メディアで報道されるのは，普通ではない出来事がほとんどです。しかしくりかえし報道されると，私たちの記憶に残り，思いだしやすくなって，「よくあること」と勘ちがいしてしまうのです。**

# 私の能力は
# 「人並み以上だ！」

今回のテストは少しむずかしかったけど，平均点よりは上かな？　物覚えは普通の人より早いほうだから，新しいバイトもすぐになれるさ——。勉強や仕事で，ほかの平均的な人よりも自分は上まわっていると思うことがあります。このように，**ある能力や特性について自分は平均以上であると考える傾向を「平均以上効果」といいます。平均以上効果には，自分自身を好ましいものと考えたり自尊心を高めようとしたりする，心の機能がかかわっている**と考えられています。

日常のさまざまな場面で，平均以上効果はみられます。たとえば，車を運転する人のほとんどは平均的な運転手よりも運転がうまいと考える傾向があるといいます。また，「自分の業績はほかの平均的な同僚よりもすぐれている」と考えるビジネスマネージャーが9割にのぼる，「自分の患者の死亡率は平均よりも低い」と大半の外科医は考えている，といった報告もあります[1]。

なお，**平均以上効果とは逆に，自分の能力や特性を過小評価する現象もあります。これを「平均以下効果」といいます。**アメリカのカーネル大学で行われた研究では，プログラミングやジャグリングといった難易度の高いスキルにおいて，平均以下効果がおこりやすいことが示されました[2]。

※1：Myers D. Social psychology (10th ed). McGraw-Hill, 2010.

※2：Kruger J. Lake Wobegon be gone! The "below-average effect" and the egocentric nature of comparative ability judgments. Journal of Personality and Social Psychology. 1999; 77 (2)：221-232.

## 平均以上効果の文化差

平均以上効果は，欧米ではさまざまな場面でみられることが報告されていますが，日本ではそれほどはっきりした傾向はみられないようです。日本では，謙遜をしたほうが，他者から好ましくみられるからかもしれません。

# 顔がわかると, 助けたくなる

難病で苦しんでいる人を助けるために寄付をつのるとします。このとき, 苦しんでいる人のくわしい情報が何も示されないと, 積極的に寄付しようという気持ちにはならないかもしれません。また, 「この難病で苦しんでいる人が世界で100万人います」といった統計的な数値が示されても気持ちは変わらないようです。

ところが, 実際に難病で苦しんでいる人の顔を写真で見せたり, 名前などの個人情報を伝えたりすると, 寄付をする人がふえることがわかっています。このように, **だれかわからない人の危機よりも, 身元がわかっている人の危機に対して, 人は反応する傾向があります。これを「身元のわかる犠牲者効果」といいます。**

顔や名前などの個人情報が明らかになっているほうがより感情が揺さぶられることや, 自分が行った援助の効果をはっきりと認識しやすいことなどが, 身元のわかる犠牲者を助けやすい理由として考えられています。

参考文献：Kogut T and Ritov I. The "identified victim" effect: an identified group, or just a single individual? J Behav Decis Mak. 2005; 18: 157-167.

# 見た目よければ
# すべてよし？

オーガニックということは……

低カロリー？

低脂肪？

栄養が豊富？

体にいい？

Organic Cookies

「オーガニック」と表示されている食品を見ると，そのポジティブな印象につられて，「有機栽培の原料が使われている」こと以上の価値を感じてしまうかもしれません（ハロー効果）。

かっこよくスーツを着こなしている人は，仕事もできそうなイメージがありませんか？ このように，**ある点がすぐれていると，直接関係のない別の点まで高く評価してしまうことを「ハロー効果」**といいます。ハロー（halo）とは「後光」や「光背」という意味の英語です。絵画で，神仏や聖人の背後にえがかれる光のことです。

一方，何らかのネガティブな特徴があると別の点まで低く評価してしまうことを，「ホーン効果」といいます。ホーン（horn）は，悪魔の頭に生えている角に由来します。すなわち，**よくも悪くも，目立った特徴が，個々の項目の評価にまで影響をあたえるのです。**

ハロー効果はさまざまな場面で生じます。また，人間だけでなく，商品などの物に対しても同様に生じることが，その後の研究でわかっています。

## 日常生活にみられるハロー効果

アメリカのコーネル大学の研究チームは，実験参加者にクッキーなどの食品を食べてもらいました。食品には「オーガニック」と表示されているものとされていないものがありますが，実際は同じ商品です。その後，研究チームが参加者に話を聞いたところ，オーガニックと表示された食品に「低カロリー」「低脂肪」「繊維が多い」という印象をいだく傾向があり，より高い金額を支払ってもよいと考えていました。下に示したのは，日常で遭遇しそうなハロー効果とホーン効果の例です。

清潔感のあるセールスマンは誠実そうに見えます（ハロー効果）。そのため，そのようなセールスマンが紹介した商品は，よいものだろうと思うかもしれません。

服装や態度がだらしない人は，仕事もできないだろうと思われがちです（ホーン効果）。仕事の内容にもよりますが，外見と仕事の能力に直接的な関係はないことがほとんどです。

111

# 「心の中の家計簿」で損得勘定している

宝くじが当たったり，ギャンブルでもうけたりすると，はたらいて手に入れたお金よりも散財しがちです。このように，**お金の出どころや使い道によって，出費に対するハードルがことなることがあります。**これは心の中の家計簿で費目を設定し，その枠組みの中で損得勘定をしているからだと考えられています。これを「メンタル・アカウンティング（心理会計）」といいます。

この現象を調べた実験では，参加者約200名に二つの状況（パターン1とパターン2）を提示し，劇を見るためにチケット代として10ドルを支払うかどうかをたずねました。

パターン1は，事前にチケットを10ドルで購入していたけれど途中でそのチケットを落としてしまった場合，パターン2は，チケットを購入しようとしたら途中で現金10ドルを落としたことに気づいた場合です。どちらのパターンも，劇を見るとしたら，合計20ドルを支出することになります。

実験の結果，パターン1でチケットを買いなおすと答えた人は46％だったのに対し，パターン2ではチケットを買うと答えた人は88％にのぼりました。これは，チケット代の10ドルが，「心の家計簿」で娯楽費に設定されているためだと考えられます。

つまり，チケットを買いなおしたパターン1の場合，20ドルを娯楽費から支出することになり，娯楽費の出費が大きくなります。一方，現金を落としたパターン2の場合，そのお金はまだどこの費目にも割り当てられておらず，チケットを買っても，娯楽費からの支出は10ドルだけです。そのため，チケットを買うことへの抵抗が小さいのではないかと考えられています。

参考文献：Thaler RH. Mental accounting and consumer choice. Mark Sci. 2008; 27: 15-25.
Kahneman D and Tversky A. Choices, values, and frames. Am Psychol. 1984; 39: 341-350.
ダニエル・カーネマン 著，村井章子 訳. ファスト＆スロー（下）. 早川書房, 2014.

## "あぶく銭"は生活費とは別

メンタル・アカウンティングは，心の中で設定された家計簿の費目における損得勘定です。ギャンブルなどで得た"あぶく銭"がむだに消費されがちなのは，生活費とは別の費目として収支の計算がなされるためだと解釈できます。

# 5

## 集団にまつわる
## バイアス

外国映画で，登場人物の顔が区別しにくいという経験はありませんか？　人は無意識に，自分が所属する集団と，それ以外の集団を分けて考える傾向があります。また人は集団になると，一人のときとはことなる行動をとることがあります。5章では，集団に関するバイアスを紹介します。

# 自分が属していない集団の人はみんな同じに思える

**国**や組織，年代などによって，人を集団に分類することがあります。このとき自分が属している集団を「内集団」，自分が属していない集団を「外集団」といいます。そして私たちは，内集団にはさまざまな特徴をもった人たちがいると思う一方で，外集団は同じような人たちばかりだ，と思う傾向があります。これを「外集団同質性バイアス」といいます。

**人は自分と同じ人種の顔は区別し**やすく，ほかの人種の顔は区別しにくいことも知られています。これは「他人種効果」といって，外集団同質性バイアスと関連しています。

自分が属していない集団の人たちを画一的にみることは，だれにでもおこりうることですが，それは，偏見や差別につながる危険性があります。外集団の人たちも，内集団の人たちと同じように個性的なはずです。そのことを意識する必要があるでしょう。

### 内集団と外集団

人は自分が属している「内集団」の人々に対しては，多様性があると思い，一人ひとりを区別して認識しています。しかし自分が属していない「外集団」の人々に対しては，画一的にみてしまいがちです。たとえば，外国人から「日本人は勤勉だ」といわれても，勤勉な人もいれば，そうでない人もいると思うでしょう。しかし，外国人に対しては，「イタリア人はだれもが陽気」といった印象でまとめてとらえてしまうことがあります。

# 自国チームの勝ちは実力！
# 相手チームの勝ちは運だけ？

### 基本的な帰属の誤り

ある出来事や行動について，その原因を推測することを原因帰属といいます。ここでは集団の原因帰属に関するバイアスである「究極的な帰属の誤り」を紹介しましたが，個人の行動に関する帰属のバイアスもあります。

私たちは，他者の行動の原因を考えるとき，本人の性格や能力のような内的特性を重視し，状況の影響力を軽視する傾向があります。これは，他者の行動の原因を考えるときによくみられる普遍的な傾向であることから，「基本的な帰属の誤り」とよばれています。

スポーツ観戦などで応援しているチームが負けたとき，運や状況のせいにしたことはありませんか？　**私たちは内集団（たとえば応援しているチーム）が成功したときは能力や努力（内的要因）のおかげ，失敗したときは状況（外的要因）のせいと考えます。一方，外集団（たとえば相手チーム）の成功・失敗の原因についてはその逆に考える傾向があります。これを「究極的な帰属の誤り」といいます。**

このように原因を帰属すると，内集団は外集団よりもすぐれているとみなすことができ，自身の自尊心を高く保つことができると考えられています。

ただし，内集団と外集団の境界はあいまいです。前述のスポーツ観戦の例では応援しているチームかどうかで集団が分かれますが，スポーツに興味のない人にとってはすべて外集団です。人はそのときどきに応じて，内集団と外集団の線引きをし，内集団につごうのよい原因帰属をします。

# みんなが空を見上げると，
# つられて空を見上げる

### 同調バイアスの実験

1968年，アメリカで同調バイアスを検証するユニークな実験が行われました。しかけ人（サクラ）が繁華街の歩道で突然立ち止まり，1分間空を見上げます。その際，サクラの数は最大15人までふやし，通行人がどれくらい同調して立ち止まるかを調べました。実験の結果，サクラが一人のときには通行人の4％しか立ち止まりませんでしたが，サクラが15人になると通行人の40％が立ち止まりました。また，空を見上げた人は，サクラが一人のときは42％でしたが，サクラが15人になると86％にものぼったのです（右ページのグラフ）。

何人かで食事に行ったとき，ほかのみんながＡセットを注文したから自分も合わせてＡセットにした，なんて経験はありませんか？**ほかの人の行動や判断に合わせて，自分も同じようにふるまう傾向を「同調バイアス」といいます。**

同調バイアスはさまざまな原因で生じます。一つは，他者の行動を自分の判断の指標として利用するためです。たとえばみんながＡセットを選ぶのなら，それはほかのメニューよりもよいと推測する根拠になります。もう一つの原因は，自分だけ他者とちがう行動をとることをさけるためです。たとえば，早く帰りたいのに，みんなが残っているので帰りにくかったという経験をした人もいるでしょう。このような同調圧力は，集団の中で自然に発生します。**同調バイアスは，他者の意見を参考にしたり，集団の秩序や規律を守ったりするなかで生じます。**しかし，他者の意見にとらわれず，自分の考えで物事の正しさや価値などを判断できる力も大切です。

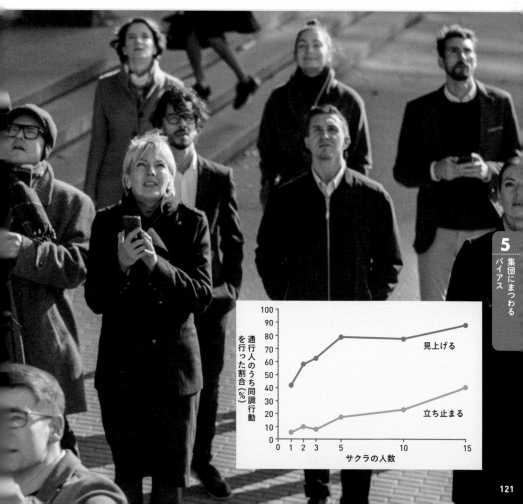

通行人のうち同調行動を行った割合（％）

見上げる

立ち止まる

サクラの人数

# まわりの意見が一致していると，思わず合わせてしまう

心理学者ソロモン・アッシュ（1907〜1996）が行った，「同調」に関する実験です。基準となる線と，それと同じ長さの線を含んだ，長さのことなる3本の線を実験参加者に見せます。参加者には，この中から基準の線と同じ長さの線を答えてもらいます。

実験の結果，参加者が一人でこの問題に取り組んだ場合は，正答率はほぼ100%でした。しかし，サクラの集団に誤った解答をさせて

から参加者に答えを聞くと，50人中37人が，12問のうち少なくとも1問でサクラに同調して誤った解答を選んだのです。

このような同調がおこる理由には，さまざまなものが考えられています。ほかのメンバーからきらわれたくないという気持ちや，多数派の意見によって自分の意見を信じられなくなるからではないかと考えられています。

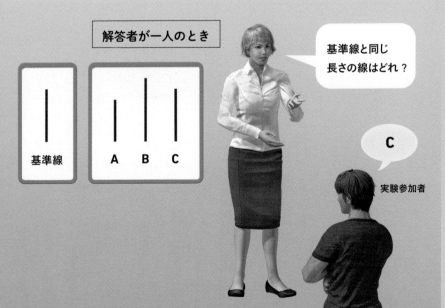

解答者が一人のとき

基準線

A　B　C

基準線と同じ長さの線はどれ？

C

実験参加者

## アッシュの同調実験

アッシュの同調実験のイメージをえがきました（実際の実験とはことなります）。解答者が一人のときは正答率がほぼ100％になるような簡単な問題でも、ほかの人たちが一様に別の答えをいうと、それに合わせて自分の答えを変えてしまうことがあります。

**解答者が複数いるとき**

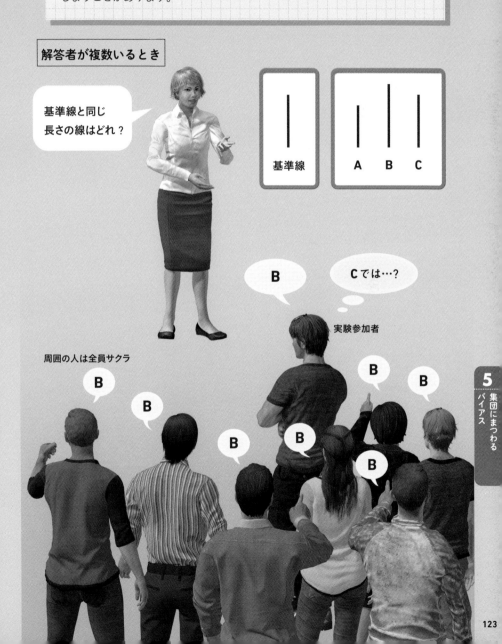

基準線と同じ
長さの線はどれ？

基準線

A　B　C

B

Cでは…？

実験参加者

周囲の人は全員サクラ

B

B

B

B

B

B

B

# 多数派の意見を変える 「一貫性のある意見」

少数派の意見で多数派の意見が変わることはあるのでしょうか?

フランスの心理学者セルジュ・モスコビッチ(1925 〜 2014)が,1969年に行った実験では,明るさのことなる6種類の青色のスライドを実験参加者に提示して,その色が何色か判断して回答してもらいました。参加者6名の中に,2名のサクラがいる場合といない場合とで,結果を比較しました。

2名のサクラは,特定のスライドに対して必ず「緑」と答えます。**サクラがいる集団では,スライドの色を「緑」と回答した参加者が8.42%にのぼりました。**一方,サクラがいない集団では,同じスライドに対して「緑」と回答した参加者はわずか0.25%でした。

なお,サクラが一貫して「緑」と答えた集団の参加者に,実験後に色覚検査を行ったところ,緑色だと感じる範囲が青色側に拡大していました(右ページ下部)。色を答える実験では,サクラに同調せず

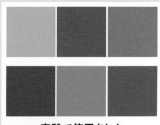

**実験で使用された
青色スライドのイメージ**

にスライドの色を「青」と回答した人も,サクラの影響を受けて色の感じ方が変化したということです。

しかしサクラが「緑」と答えるスライドをランダムに変えた場合には,そのスライドを「緑」と答えた参加者はわずか1.25%でした。**モスコビッチはこの結果から,多数派に影響をおよぼして態度を変えるには,少数派の一貫した態度が必要だと指摘しました。**

## サクラがいる場合

特定のスライドの色に対して必ず「緑」と答えるサクラがいる場合，同じスライドの色を「緑」と答えた人の割合は8.42%にのぼりました。

青！

参加者（自由に回答）

青！

参加者（自由に回答）

緑！

サクラ（必ず緑と回答）

緑！

サクラ（必ず緑と回答）

青！

参加者（自由に回答）

緑？

参加者（自由に回答）

## サクラがいない場合

特定のスライドの色に対して「青」ではなく「緑」だと答えた人の割合はわずか0.25%でした。

青！

参加者（自由に回答）

青！

参加者（自由に回答）

青？

参加者（自由に回答）

青

参加者（自由に回答）

青！

参加者（自由に回答）

青

参加者（自由に回答）

サクラがいない集団
の緑色の範囲

サクラがいる集団の
緑色の範囲

## サクラの影響を受けて，緑色だと思う範囲が拡大

サクラがいる集団で実験に参加した人たちの色覚検査の結果のイメージ図です。サクラがいない集団にくらべて，緑色と判断する範囲が拡大していました。

# 少数派は，悪いイメージをもたれやすい？

**実**際には関係していない出来事どうしが関係（相関）しているように思うことを，「錯誤相関」といいます。錯誤相関は，血液型と性格の関係においてもみられます。たとえば，日本人に多いA型やO型には「真面目」「おおらか」などの好ましいイメージがあげられる一方で，日本人に少ないB型やAB型には「自己中心的」「変わり者」といった，あまりよくないイメージがあげられがちです。

**一般に，少数派の人は好ましくないイメージをもたれることが多いようです。**1976年，アメリカで少数派に対する錯誤相関を検証する実験が行われました。まず，多数派のグループAと少数派のグループBの人物の好ましい行動もしくは好ましくない行動を参加者に示します（例：グループAのジョンは相手を不快にさせる発言をした）。ただし，各グループで，好ましい行動をした人物と好ましくない行動をした人物の比率はどちらも同じです。その後，それぞれの人物がどちらのグループに属していたかを思いだしてもらうと，実際の人数以上に，好ましくない行動をした人物を少数派の人物だと思いだしていました。好ましくない行動自体は，現実の社会においても相対的にまれです。そこから，本来は無関連の「少数派に属していること」と「好ましくない行動をしていること」の間に関連があるような錯誤が生じて，少数派のイメージが悪くなるのです※。

先住民族や少数民族，最近ではLGBTQ（性的マイノリティ）の問題など，少数派の人々は差別や偏見にさらされやすい現状があります。こうした差別や偏見に加担しないようにするためにも，自分が錯誤相関におちいっていないか，疑ってみることが大切です。

※：Hamilton DL and Gifford RK. Illusory correlation in interpersonal perception: A cognitive basis of stereotypic judgments. Journal of Experimental Social Psychology, 1976; 12(4): 392-407

|  | グループA | グループB | 合計 |
|---|---|---|---|
| 好ましい行動を<br>とった人数 | 18 | 9 | 27 |
| 好ましくない行動を<br>とった人数 | 8 | 4 | 12 |
| 合計 | 26 | 13 | 39 |

## 錯誤相関を検証した実験

グループAまたはグループBに属する39名の人物の行動をしるした文章を参加者に見せます。グループAの人数（26名）は，グループB（13名）の2倍であるため，グループBのメンバーは少数派です。表に示すとおり，好ましい行動をとった人と好ましくない行動をとった人の数は，比率でみればグループAもグループBも同じでした。つまり，グループAで好ましくない行動をとった人物は，グループBの2倍の数いたわけですが，参加者は，好ましくない行動をした人物の半数以上をグループBの人物として思いだしました。

# 勝ち馬に乗って，自分も勝者になりたい！

### 行列ができていると，並んでみたくなる！?

人気の飲食店や，話題の商品の発売日など，長い行列ができていることがよくあります。これは，多くの人が並んでいると，「おいしいにちがいない」「いいものにちがいない」などと考え，さらに並ぶ人がふえるというバンドワゴン効果によるものかもしれません。

**選**挙において，ある候補者や政党が「優勢」とメディアで報じられると，票がさらに集まりやすくなることがあります。これは，投票する候補者や政党が決まっていない有権者が，「勝ち馬」に乗ろうとすることでおきる現象です。

また，ある商品が大人気だと報じられると，自分も試してみたいと思う人がふえて，結果的に品薄になることもあります。このように，**あるものが多くの人に選ばれていることがわかると，それを選ぶ人がさらに**ふえる現象のことを「**バンドワゴン効果**」といいます。バンドワゴンとは，パレードの先頭を行く，楽隊を乗せた車のことです。バンドワゴン効果も，同調バイアス（120ページ）と同じように，他者の行動に合わせようとすることから生じるとされています。

**一方，選挙前の予測で劣勢とされた候補者や政党に「同情票」が集まり，選挙で勝つことがあります。こちらは「アンダードッグ効果（負け犬効果）」とよばれています。**

# 人がたくさんいる
# と行動しなくなる

## 責任が分散し，行動をおこさなくなる

周囲に人がいると自分の責任が小さく感じられ，「自分が行動しなくても，だれかがやるだろう」と考える「責任の分散」がおきます。また，「自分の考えは，ほかの人とはちがうのではないか」「まちがいだったらはずかしい」といった気持ちから，たがいの反応をさぐり合い，その結果，行動をおさえてしまうことがあります。

通気口から
流れこむ白煙

参加者

### 部屋に一人でいる場合

部屋に一人でいるときに異常を報告した参加者の割合は，白煙が流れこみはじめてから2分以内では約55%，4分以内では約75%でした。

異常を報告した
人の割合

55%

75%

2分以内　　4分以内

深夜に女性が暴漢に襲われて死亡する事件が，1964年にアメリカでおきました。このとき，まわりにいた38人もの人が女性のさけび声や物音を聞いたのに，だれも助けに行ったり，警察に通報したりしませんでした（ただし，この事件は誇張されているという指摘もあります）。**周囲に多くの人がいることで，行動をおこす人が少なくなる傾向のことを，「傍観者効果」とよびます。**

1968年，傍観者効果を確認する実験がアメリカで行われました。実験参加者を部屋に待機させているときに通気口から白煙を流し，その異常事態に対する反応を調べたのです。この実験では参加者が部屋に一人でいる場合と，煙に反応しない二人のサクラといっしょに3人でいる場合の，2パターンの状況をつくりました。

すると，一人でいるときは約75%の人が部屋を出て異常を報告しに行ったのに対し，二人のサクラといっしょのときは，約12%しか異常を報告しなかったのです。

## 部屋に3人でいる場合

二人のサクラといっしょに3人で部屋にいるときに異常を報告した参加者の割合は，白煙が流れこみはじめてから2分以内では約12%でした。4分たっても報告する人はふえず，約12%のままでした。

通気口から
流れこむ白煙

サクラ（異常に
気づかないふり
をする）

サクラ（異常に
気づかないふり
をする）

参加者

**5**
集団にまつわる
バイアス

異常を報告した
人の割合

| 12% | 12% |
|---|---|
| 2分以内 | 4分以内 |

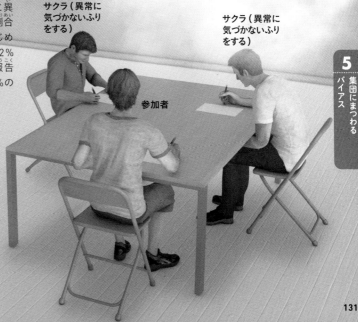

# 集団だと極端な結論に偏りやすい

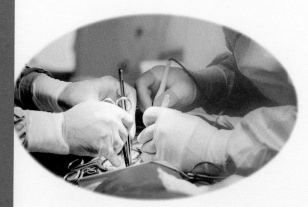

「危険な手術の成功率が何％
以上なら，受けることをすす
めるか」という質問に対して，
一人ずつ成功率を回答しまし
た。下の例の場合，個人の回
答の平均は78％でした。

個人の意見の平均
**成功率78%**

成功率
70%

成功率
85%

成功率
75%

成功率
80%

成功率
90%

成功率
70%

注：ここで紹介している数値は実際の実験結果ではなく，説明用にわかりやすい値を設定しています。

**集**団で行う意思決定は，個人の意思決定よりも極端な結論に至る傾向があります。これを「集団極性化」とよびます。

1961年，アメリカの社会心理学者ジェームズ・ストーナーは，集団でリスク（危険性）の判断をともなう意思決定を行うと，個人の考えよりもリスキーな（より，危険な）結論がみちびかれやすいことを発見し，これを「リスキーシフト」とよびました。

ストーナーが行った実験では，まず実験参加者一人ずつに「失敗すれば命にかかわる危険な手術を受けるかどうか迷っている人に対して，手術の成功率が何％なら受けることをすすめますか？」といった質問に回答してもらいます。次に6人組で同じ質問について議論し，集団としての結論を出してもらいます。すると，集団（6人）の出した結論は，一人ずつで判断した場合の平均よりもリスキーなものになっていたのです。

その後リスキーシフトとは逆に，集団で決定したことが，個人で行った決定よりも保守的な方向に変化する「コーシャスシフト」がおきることもわかってきました。「コーシャス」とは，「慎重な」という意味の英語です。

集団で意思決定を行うと，メンバーの意見がもともと優勢だった方向（リスキーまたはコーシャスな方向）に集団極性化がおこりやすいのです。

集団の結論
**成功率70％**

成功率70％

### 集団で議論すると……

6人で議論してもらうと，一人ずつで判断した場合の平均値よりもリスキーな結論がみちびかれました。なお，集団で議論したあとにあらためて一人ずつに同じ質問をすると，それぞれ当初よりもリスキーな回答に変化していました。

# 権威のある人の指示には，
# したがってしまう!?

人は地位や肩書きに弱いものです。たとえばパッケージに，著名な大学の名誉教授が監修したなどと書かれている商品を，中身を確認せずに買ってしまったことはないでしょうか。このように，**いわゆる権威のある人に指示や説得をされると，無条件に受け入れてしまう傾向を「権威バイアス」とよびます。**

権威のある人からの命令であれば，それがどのようなものでも，私たちはしたがってしまうのでしょうか。アメリカの心理学者スタンレー・ミルグラム（1933 ～ 1984）は，権威への服従実験を行いました。

実験者（この実験の権威者）は参加者に，「先生役と生徒役に分かれて，先生役は生徒役に記憶のテストをします」と説明しました。生徒役は全員サクラです。そして，参加者は全員先生役で，生徒役が答えをまちがえたら，罰として電気ショックをあたえるように指示

されます。また，答えをまちがえるたびに，電気ショックの電圧を15ボルトずつ上げなければなりません。もちろん，実際には電流は流れていませんが，参加者は流れていると思っています。また，生徒役がいる部屋からは，電圧が上がるにつれ悲鳴が聞こえるなどのしかけをします。実験の結果，参加者の65％が，電圧が最大になるまで実験をつづけたといいます。

なお，倫理的な問題から，現在はこのような実験は行われていません。

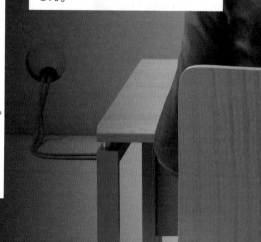

実験者
（権威者）

サクラ（生徒役）

参加者
（先生役）

電源

360 v

22 23 24 25 26 27 28 29 30

EXTREME
INTENSITY
SHOCK

DANGER
SEVERE SHOCK

注：このイラストはイメージで，実際の実験とはことなります。

# 認知バイアスとの つきあい方

**認**知バイアスは,「バイアス(偏り)」という言葉で表現されているため,もっていてはいけないもの,排除すべきものと思うかもしれません。しかし,物事をすばやく効率的に判断したり,心の安定を保ったりするのに必要な場合もあります。また,人類が進化の過程で獲得してきた心のはたらきだと考える研究者もいます。

問題となるのは,重要な場面で偏った判断をしてしまうことで,危険な状況に対処できなかったり,思いこみが強すぎて人間関係に亀裂が生じたりすることです。

しかし,自分では認知バイアスがおきていることになかなか気づくことができません。そのため,どんな場面でどんな認知バイアスが生じるかを,あらかじめ知っておくことが重要です。自分の心のなかにひそんでいる認知バイアスに気づき,うまくつきあっていくために,ぜひ本書を活用してください。

# 用語集

## 偽りの記憶

実際には経験していない出来事を，まるで経験したかのように思いだすこと。「虚記憶」（フォールスメモリ）ともよばれる。「事後情報効果」によって偽りの記憶がつくられることもある。

## 期待値

確率的に得られる値の平均値のこと。たとえば，10000円があたる確率が5%のくじを1回引いたときの期待値は，10000円×5% ＋ 0円×95% ＝ 500円になる。「現状維持バイアス」のように，たとえ期待値は同じでもことなる選択をすることがある。

## グーグル効果

インターネットで検索できる情報やデジタル機器に保存されている情報は，あとからいつでもアクセスできるため，記憶に残りにくいこと。

## 原因帰属

出来事や行動の原因を推測すること。単に帰属ともいう。原因は内的要因（性格や能力など）と外的要因（状況など）に大別される。原因を何に求めるかは，その出来事や行動が成功に関することか失敗に関することか，また自分の行動か他者の行動か，あるいは自分が所属する集団の行動かどうかでことなる。原因帰属にかかわるバイアスには，他者の行動に関する「基本的帰属の誤り」，集団の行動に関する「究極的帰属の誤り」などがある。

## 公正世界仮説

世界は基本的に公正であり，よい行いをした人は報われ，悪い行いをした人は罰を受けると考える信念のこと。この信念があることで，本人の行いに関係なく不幸な目にあった人に対しても，不当に非難する「犠牲者非難」が生じるおそれがある。

## 誤帰属

物事の原因を誤って，本来のものとはちがう原因に帰属させること。「つり橋実験」の結果は，この誤帰属で説明されている。

## 固定観念

凝り固まった考え方のこと。国や組織，年齢などの社会的カテゴリーがもつ共通の特徴を単純化した固定観念を「ステレオタイプ」という。

## 錯視

物理的な情報（色，明るさ，長さ，大きさなど）と実際の見え方がことなること。「目の錯覚」ともよばれる。視覚に限らず，聴覚や触覚など，ほかの知覚においても特有の錯覚がみられる。

## サクラ

一般には，イベントなどで関係者から頼まれて特定のふるまいをする人のことをさすが，心理学の研究では，事前に特定の反応や行動をとるように実験者から依頼された偽の参加者のことをさす。

## 自己中心性バイアス

自分がもっている情報や経験を基準に，他者の考えを推測するバイアス。代表例に，「スポットライト効果」や「透明性の錯覚」がある。

## 心理学

人間の心のしくみやはたらきを，実験や調査といった手法を用いて実証的に調べる科学の一分野。物理学で「物」の理をさぐるのと同様，心理学では「心」の理をさぐる。

## 心理的リアクタンス

自分の行動や選択の自由が制限されたと感じたときに，失われた自由を回復するために，あえてその行動や選択を行いたくなること。「希少性バイアス」が生じる原因の一つと考えられている。

## ゼロサム

だれかが得をしたら，それと同じ分だけだれかが損をして，差し引きの合計（サム）がゼロになること。人には，ノン・ゼロサムの状況であっても，ゼロサムととらえる「ゼロサム・バイアス」がある。

## 他人種効果

自分と同じ人種の顔にくらべて，ほかの人種の顔は区別がつきにくいこと。「外集団同質性バイアス」と関連が深い。

## 同調圧力

社会や集団の決定やルールに，個人の考え方や行動を合わせることを求める周囲からの圧力。直接同調を求められなくても，個人が暗黙のうちに圧力を感じ取り，みずからの行動を周囲に合わせることもある。

## ナイーブ・リアリズム

「自分は現実を客観的に見ることができる」という素朴（ナイーブ）な現実主義（リアリズム）のこと。「敵意的メディア認知」には，この信念が関係していると考えられる。

## 内集団・外集団

国や組織，年齢などの社会的カテゴリーによって人を特定の集団に分類したとき，自分が属している集団のことを「内集団」，自分が属していない集団のことを「外集団」という。

## 二重盲検法

新薬の臨床試験などで用いられる検査方法。試験の参加者と医師の両方に，だれが本物の薬を投与され，だれが偽の薬を投与されているかを知らせないことで，「プラセボ（偽薬）効果」を回避して，新薬の性能を正しく評価することができる。

## 認知バイアス

知覚をはじめ，記憶や判断といった思考（考え方）のことを総称して認知という。バイアスはゆがみや偏りのことで，認知バイアスとは「思考のゆがみや偏り」をさす。「考え方のくせ」ともいう。

## ヒューリスティック

論理的に考える段階を経ずに直感的に結論に至る方法のこと。短時間で判断できるというメリットがあるが，バイアスを生むこともある。「代表性ヒューリスティック」や「利用可能性ヒューリスティック」がよく知られている。

## フェイクニュース

インターネットなどで拡散される虚偽（フェイク）のニュースのこと。だますことを意図した情報（偽情報）だけでなく，だます意図のないまちがった情報（誤情報）も含まれる。

## プロスペクト理論

人は，しばしば期待値から予測されるとおりの選択をしない。このような合理的ではない判断の特徴を説明したのがプロスペクト理論である。たとえば，人は何かを得ることへの期待よりも，失うことへの恐怖が大きく，損失を回避する選択肢が選ばれやすい。

## 偏見

偏った見方や，それにもとづく否定的な評価のこと。人種や性別などの社会的カテゴリーに対する固定観念（ステレオタイプ）は偏見を生むことがある。

## 楽観性バイアス

将来自分におこることを予測するときに，他者とくらべて，よい出来事がおこる確率を過大評価し，悪い出来事がおこる確率を過小評価すること。

# おわりに

これで『バイアスの心理学』はおわりです。いかがでしたか。

　身近なシーンで経験する，さまざまな認知バイアスをみてきました。自分の経験と照らし合わせて，「あるある！」と思った人も多いのではないでしょうか。占いや血液型診断にも認知バイアスがひそんでいることを知り，「なるほど！」と思ったかもしれません。

　認知バイアスの中には，自分ではなかなか気づかないものもあります。それが知らず知らずのうちに人間関係に悪影響をおよぼし，仲良くなれるはずの人との間に微妙な距離感をつくっている可能性もあります。

　まずはこの本で紹介した事例をふりかえり，自分自身の思いこみや“考え方のくせ”を意識してみましょう。そして相手の視点に立ち，自分との「認識のずれ」を理解するように努めましょう。それが，認知バイアスと上手につきあうコツとなります。

　この本が認知バイアスへの理解を深めるきっかけになりましたら，とてもうれしく思います。🍎

心のしくみを
科学的に解説

人は得るときよりも
失うときのほうが
大きく感じる!

うわさが広まる
法則とは?

## Staff

| | | | |
|---|---|---|---|
| Editorial Management | 中村真哉 | Design Format | 村岡志津加（Studio Zucca） |
| Cover Design | 秋廣翔子 | Editorial Staff | 上月隆志, 佐藤貴美子, 谷合 稔 |

## Photograph

| | | | |
|---|---|---|---|
| 18 | ulkas/stock.adobe.com | 87 | EwaStudio/stock.adobe.com, Microgen/stock.adobe.com |
| 19 | nullplus/stock.adobe.com | 88-89 | Roman/stock.adobe.com |
| 20-21 | spyrakot/stock.adobe.com | 90-91 | Piscine26/stock.adobe.com |
| 27 | sho987i/stock.adobe.com | 91 | alphaspirit/stock.adobe.com |
| 37 | zoommachine/stock.adobe.com | 94-95 | alphaspirit/stock.adobe.com |
| 39 | 読売新聞 / アフロ | 96-97 | Piscine26/stock.adobe.com |
| 40-41 | travelview/stock.adobe.com | 99 | Asta/stock.adobe.com |
| 47 | Jnsepeliova/stock.adobe.com | 100 ～ 103 | Taka/stock.adobe.com |
| 50 | peshkova/stock.adobe.com | 104-105 | dzono/stock.adobe.com |
| 51 | SurachaiPung/stock.adobe.com | 107 | POPO/stock.adobe.com |
| 52-53 | The Cheroke/stock.adobe.com | 108-109 | Philip Steury/stock.adobe.com |
| 54-55 | zoommachine/stock.adobe.com | 111 | polkadot/stock.adobe.com, LIGHTFIELDSTUDIOS/stock.adobe.com |
| 56-57 | Sosiukin/stock.adobe.com | | |
| 59 | Drazen/stock.adobe.com | 113 | Paylessimages/stock.adobe.com |
| 66 | greenoline/stock.adobe.com | 114-115 | Gorodenkoff/stock.adobe.com |
| 67 | Halfpoint/stock.adobe.com | 115 ～ 117 | darren whittingham/stock.adobe.com |
| 78-79 | Marta Sher/stock.adobe.com | 118-119 | kovop58/stock.adobe.com, spyrakot/stock.adobe.com |
| 83 | matiasdelcarmine/stock.adobe.com, Drazen/stock.adobe.com | 120-121 | Gorodenkoff/stock.adobe.com |
| 84 | freehand.com | 127 | 78art/stock.adobe.com |
| 84-85 | moonrise/stock.adobe.com | 128-129 | beeboys/stock.adobe.com |
| | | 136-137 | wei/stock.adobe.com |

## Illustration

| | | | | | |
|---|---|---|---|---|---|
| 表紙カバー | Newton Press | 25 | Newton Press | 70 ～ 75 | Newton Press |
| 表紙 | Newton Press | 28 ～ 31 | Newton Press | 76-77 | 秋廣翔子 |
| 2 | Newton Press | 33 ～ 35 | Newton Press | 81 | Newton Press |
| 9 | Newton Press | 36-37 | 木下真一郎 | 92-93 | Newton Press |
| 10-11 | Newton Press | 39 | Newton Press | 95 | Newton Press |
| 11 | 1995, Edward H. Adelson. | 43 ～ 45 | 木下真一郎 | 110 | Newton Press |
| 12 | Newton Press | 49 | Newton Press | 121 ～ 125 | Newton Press |
| 13 | 1995, Edward H. Adelson. | 58-59 | 秋廣翔子 | 130 ～ 135 | Newton Press |
| 15 | Newton Press | 61 ～ 63 | Newton Press | 141 | Newton Press |
| 17 | Newton Press | 65 | Newton Press | | |
| 22-23 | Newton Press | 69 | Newton Press | | |

本書は主に，ニュートン別冊『バイアスの心理学』，Newton2024年3月号『バイアス大図鑑』，の一部記事を抜粋し，大幅に加筆・再編集したものです。

**監修者略歴：**

**池田まさみ／いけだ・まさみ**
十文字学園女子大学教育人文学部心理学科教授。博士（学術）。お茶の水女子大学大学院人間文化研究科博士課程修了。専門は認知心理学。

**森津太子／もり・つたこ**
放送大学教養学部心理と教育コース教授。博士（人文科学）。お茶の水女子大学大学院人間文化研究科博士課程単位取得満期退学。専門は社会心理学。

**高比良美詠子／たかひら・みえこ**
立正大学心理学部対人・社会心理学科教授。博士（人文科学）。お茶の水女子大学大学院人間文化研究科博士課程単位取得満期退学。専門は社会心理学。

**宮本康司／みやもと・こうじ**
東京家政大学家政学部環境教育学科教授。博士（理学）。東京工業大学大学院生命理工学研究科博士課程修了。専門は行動科学，科学教育学，環境教育学。

本監修者4人で認知バイアスを紹介するwebページ「錯思コレクション100」[https://www.jumonji-u.ac.jp/sscs/ikeda/cognitive_bias/ ]を開設している。

# 超絵解本

先入観や偏見にとらわれない　合理的な判断力が身につく

# だれもがもつ"考え方のくせ" バイアスの心理学

2024年4月1日発行

発行人　高森康雄
編集人　中村真哉
発行所　株式会社 ニュートンプレス
　　　　〒112-0012東京都文京区大塚3-11-6
　　　　https://www.newtonpress.co.jp
　　　　電話 03-5940-2451